ブックレット《アジアを学ぼう》47

吉澤あすな

消えない差異と生きる

南部フィリピンのイスラームとキリスト教

風響社

フィリピン共和国

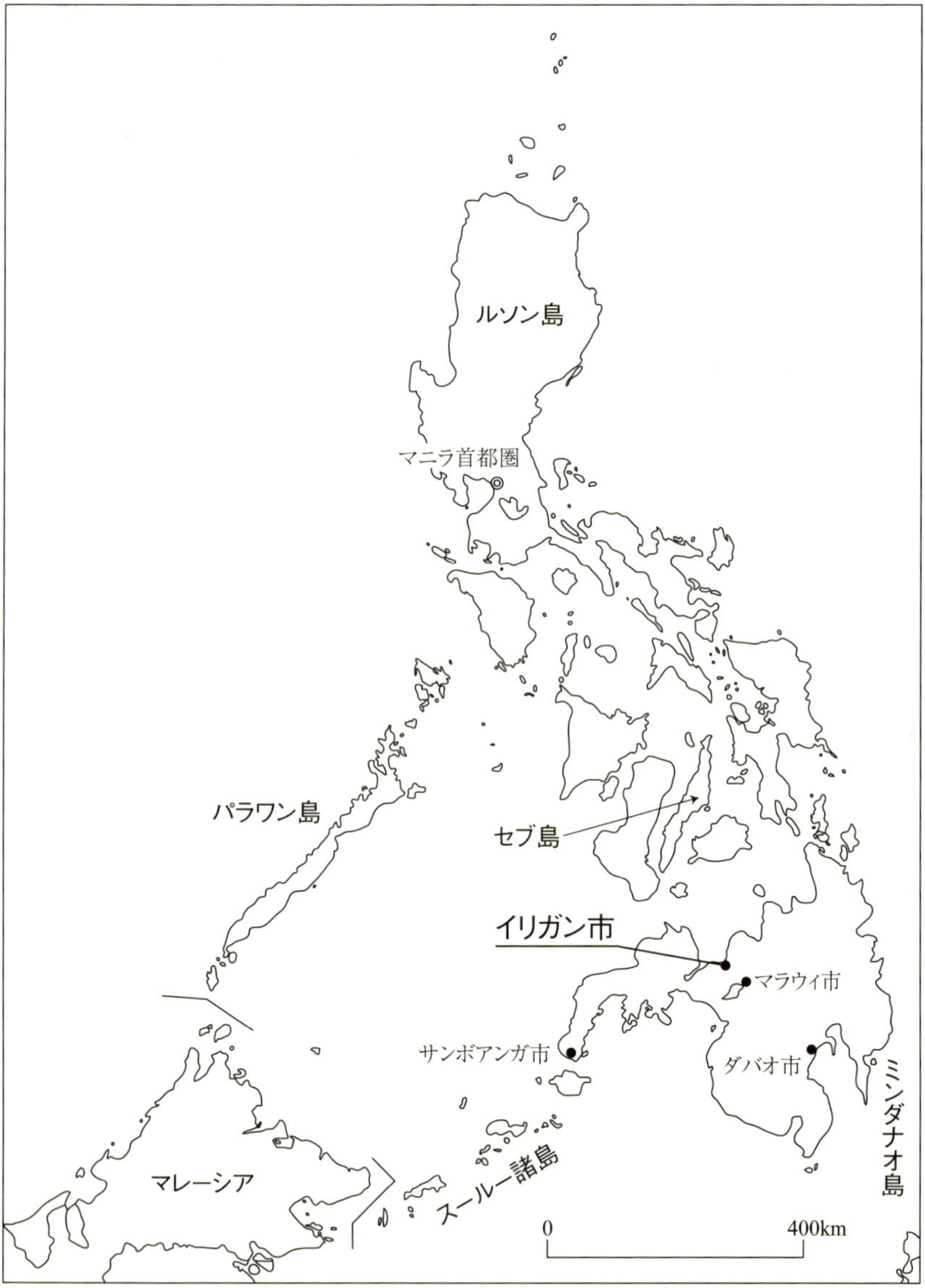
ルソン島
マニラ首都圏
パラワン島
セブ島
イリガン市
マラウィ市
サンボアンガ市
ダバオ市
ミンダナオ島
マレーシア
スールー諸島
0
400km

消えない差異と生きる――南部フィリピンにおけるイスラームとキリスト教

吉澤あすな

はじめに

二〇一三年二月、一年半の調査のためイリガンに着いてすぐに、私はサラと出会った。第一印象は「お洒落な子やなぁ」。細身のジーンズにヒールのサンダル、青い幾何学模様のヒジャーブ（ヴェール）に赤い口紅が映える整った顔。襟首が伸びたTシャツを着てスッピンの私とは雲泥の差だった。彼女は私より二つ年下の二三歳で、大学院で人類学を専攻していた。誘われるまま初対面のその足でサラが居候している叔母さんの家にお邪魔した。そこは木造の粗末な家がひしめく川沿いの一角で、裸の子ども達が泥だらけで走り回り、家の軒先に座ったおっちゃん達は何をするでもなくたむろしている。サラは「こんな〝スラム〟で良ければ、一緒に住む？」と私に尋ねた。そう言う彼女は私と話している間も、タブレットで頻繁にフェイスブックをチェックしている。

サラは、イスラーム教徒の民族の一つ、マラナオ人の女の子だった。九割がキリスト教を信仰するフィリピンでマラナオは少数派だ。彼らの生活を知りたいと思っていたところ知人に紹介されたのがサラだった。彼女は、山岳民族を支援するＮＧＯでインターンをしていたこと、自分で小さなビジネスを手掛けていること、「元カレ」との恋愛、短

写真1　友人の結婚式に向かうサラ

い間にいろんな話をしてくれた。部屋を見回すと、色とりどりの鞄やヒジャーブが並び、引き出しには凝ったデザインの洋服が詰まっている。「イスラーム教徒の女性のイメージ」、「彼女の身なりと生活環境のギャップ」、当時の私にとって多くのことがミスマッチに思え、自分の知らないフィリピンがここにあるような気がして、彼女と一緒に叔母さんの家に居候することを決めたのだった。イリガンで暮らし始めた頃、私は常にサラの後について回った。しかし三か月後、「勉強よりビジネスの方が好きだわ」と言い残し、彼女は大学を辞め親戚が経営するブティックのある町に行ってしまった。取り残されて少し呆然としながらも、奔放で華やかな世界が好きなサラらしいな、と納得した。

サラが去った後、私は引き続き叔母さん家族と暮らしながらフィールドワークを続けた。深く考えずに決めたホームステイ先だったけれど、イリガンの多様な側面を知るには結果的に正解だった。何故なら、私が調査で出会うマラナオの多くが宗教組織で活動している人や地域の有力者だったのに対し、叔母さん家族は、お金持ちではなく宗教的に敬虔でもない「普通の」マラナオだったからだ。裕福であれば住む場所や社会関係を選べるが、生活が厳しければ宗教や民族の違いがあっても否応なく近隣の人と助け合う必要が出てくる。また、敬虔なイスラーム教徒から見れば、「きちんと宗教実践をしていない」と言われそうな日常の中でも、彼ら自身はイスラーム教徒であると自覚して生きている。こうした「普通の」マラナオの生活を垣間見ることができたのは貴重な体験だった。

イリガン滞在中、私が調べようと思っていたのは「キリスト教徒とイスラーム教徒の共存」についてだった。イリガンを含む南部フィリピンでは、一九六〇年代末からイスラーム教徒を中心に分離独立運動が起き、長年紛争が続いてきた。そのため日本にいる時に読んだ文献では、先住民のイスラーム教徒と、フィリピン中・北部からの移民が多いキリスト教徒の間に対立する状況があるとされていた。対立があるとはいえ、人々は同じ町に住んでいる。彼らはどんな風に一緒に暮らしているのだろうかと、私は疑問に感じていた。実際に町を歩いてみると、立ち並ぶモスクと教会からは、アザーン（礼拝の呼びかけ）や聖歌が交互に聞こえてくる。道行く女性に目をやれば、Tシャツに短パンといった装いだけでなく、カラフルなヒジャーブとジーンズ姿の少女達や全身黒色のイスラームの装束を着た人々が行き交う。イリガンは異なる宗教の共存を実現したユートピアのように思われた。

しかし、そのイリガンで近年、宗教間の緊張が高まった時期があった。二〇〇八年、イスラーム教徒など南部フィリピンの先住民の権利を守るため、これまでの「ムスリム・ミンダナオ自治地域」に加えて、新たに住民投票で選択した土地を自治地域の範囲とする合意が結ばれた時のことだ。イリガン市内でも複数の自治体が住民投票を行う地域に含まれた。しかし、地域に利権を持つ有力者やキリスト教徒の市民の間で反発が広がり、猛烈な反対運動が起こった。その結果、イリガンを含むいくつかの地方政府から違憲の申し立てがなされ、最終的に最高裁判所によって合意は違憲であるとの判断が下されたのだ。これに対し、合意を反故にされたと反発するイスラーム組織と政府軍との武力衝突が起きたことによって数十万人の難民が発生する事態となった。あるキリスト教徒のNGOスタッフは「当時は不安や恐怖から反対運動に参加してしまった。そのせいでイリガンではイスラーム教徒とキリスト教徒との対立が深まった」と語った。

このエピソードには、南部フィリピンで進められている和平プロセスの脆弱性が表れているように思う。自治地域の成立をめぐって集団と集団を分ける境界線が明確化されるという側面だ。住民の状況は一人一人異なるはずなのに、「キリスト教徒」もしくは、「イスラーム教徒」としての利害に二分されてしまう。こうした亀裂によって生まれる不安や不信感は、テロや武力蜂起への賛同に繋がる可能性があり、平和を脅かすリスクを高めかねない。

イリガンでは、この時の経験が教訓として今に生かされている。「二〇〇八年と同じことを繰り返さないよう、イスラーム教徒とキリスト教徒の相互理解が必要」との共通の想いのもと、NGOや大学は定期的に互いの活動報告を行い、勉強会を共同で開催するようになった。現地の大学で宗教や民族の違いについて学ぶワークショップを見学した際には、宗教の異なる参加者が互いの意見に耳を傾け、信頼関係を築く様子を目の当たりにした。

ただ、こうしたオフィシャルな平和教育／相互理解は理念的であるがために、和平プロセスの脆弱性を根本的には打破することができないのではないだろうか。なぜなら彼らが説く平和的共存は、「あるべき姿」を語りがちだからだ。そこでは「あるべきキリスト教徒」と「あるべきイスラーム教徒」が想定され、二つがきっちりと分けられた上で調和的に共存する社会が理想とされる。現実に起きている差異をめぐる葛藤も、規範から外れる行いや価値観も考慮されない。そのように、両者の間に固定的な境界線があることを前提とする限り、一旦亀裂が入れば関係が悪化する危険から逃れられない。相互理解の取り組みは、不信感や不安が増幅していく過程に一定の歯止めをかける役割を担いうる。しかし、自治地域成立を目指す和平プロセスと同様、両者が絡まり合った複雑な社会関係という現実に反して、境界線を明確化してしまうジレンマを抱えたままだ。

一方、私はイリガンで暮らすうち、その境界線自体を攪乱する共存のリアリティを目の当たりにすることになった。それは「普通の人々」の日常にあった。彼らは、隣人として、時に恋人同士や家族として実に様々な関係を結ぶ。相手の悪口を言っていると思ったら、次の瞬間には仲良くしている。完全に気を許してはいないけれど、決して排除はせずに困っていたら助ける。「彼らは私達と違う」とすぐに線引きしようとするのに、「彼ら」と「私達」の範囲はその時々で変わる。改宗者や異宗教間結婚の家族のように、自分自身が異なる宗教・民族の間で揺れ動いている人達もいる。その結果、「イスラーム教徒」と「キリスト教徒」の生活や利害は絡み合い、境界線は交錯し、曖昧になっていく。対立だけでも、美しい友好関係だけでも終わらない彼らの雑多な営みこそが、和平プロセスや平和的共存の言説におけるジレンマを超えて、草の根の平和を支える力を持つのではないかと感じるようになった。

本書は「キリスト教徒とイスラーム教徒の綺麗ごとじゃない日常」を軸として、私が出会った一人一人の物語をひたすら綴ろうとしたものである。その方が、論文形式よりも、現地社会の断片を鮮やかに浮き上がらせることができると考えたからだ。第一節において南部フィリピンの歴史とイリガンの様子を概観した後、第二節ではホストファミリーや隣人との日常生活、第三節ではキリスト教からイスラームへの改宗、第四節では異宗教間結婚を主な題材として現地の生活について述べる。サラとの出会いが象徴するように、イリガンでの経験は異質なものがある時は自然に、ある時は不協和音を持って共存する状況の連続だった。一つの常識が、ある人達にとってはあり得ない行動であり、互いに批判しあっているようで、実際に出会うと意外と穏やかに会話がなされたりした。横でハラハラしているのは私だけということもよくあった。そうした「異質なもの」、「他者」と共にある人々の生き方が重要な意味を持つのはイリガンに限った話ではない。宗教に限らず、価値観の違う人同士が折り合いをつけながら関係を築く場面は日本にもたくさんある。本書を読むあなたの経験ときっとどこかで繋がるはずだ。

一　私のフィールド

フィリピンは約七〇〇〇もの大小の島々からなる島国である。青い海に囲まれた南国のイメージだが、自然環境は多様で、森林の広がる山深い地域も存在する。その自然と同様にフィリピンには多種多様な人々が暮らしている。二〇一〇年時点の全人口は約九二〇〇万人であり、宗教別に見るとキリスト教徒が九一・三八％（カトリック八〇・五八％、プロテスタント諸派一〇・八％）を占め、イスラーム教徒は五・五七％である［2016 Philippine Statistical Yearbook］。イスラーム教徒と一口に言っても、マラナオやマギンダナオといった一〇以上の民族集団がいて、それぞれ言語や文化が異なる。

これ以外にも、各地の山岳民族の人々は独自の信仰（精霊信仰等）を有している。

私が調査を行ったイリガン市は、ミンダナオ島の中北部に位置する。ミンダナオ島に加えて、スールー諸島、パラワン島を含む南部フィリピンには、一三世紀頃よりイスラームが伝来し、大小のイスラーム王国が発展を遂げた。今でもイスラーム教徒が多く住む地域である。では、なぜキリスト教徒とイスラーム教徒が同じ地域に暮らし、対立するようになったのだろうか。その理解のために、南部フィリピンの歴史について概観しておこう。

1　南部フィリピンの歴史

南部フィリピンにおけるイスラームとキリスト教の関わりは、スペインによる植民地支配まで遡る。スペインは一六世紀頃、フィリピンの中・北部を平定し、キリスト教化を進めていた。そして一六世紀後半にミンダナオ島のイスラーム王国の一つ、マギンダナオの支配地域を平定しようとしてイスラーム諸王国との間で戦争（モロ戦争）が勃発した。スペイン軍はマギンダナオの集落を襲い、住民を殺害あるいは捕虜にし、モスクを破壊するなどした。それに対して、マギンダナオは周辺のイスラーム諸民族と連合し、両者の間で戦いが繰り返された［早瀬　二〇〇三：四九―五四］。

当時スペイン人にとって、フィリピンのイスラーム教徒は絶対的な敵であった。それは、彼らを「モロ」と呼んだことにも表れている。この呼び名は北アフリカ出身のイスラーム教徒「ムーア人」に由来する。ムーア人は八世紀にイベリア半島を征服し、スペイン人と数百年に渡ってイベリア半島をめぐる戦いを行った。スペイン人がムーア人に対して抱いた敵対心はフィリピンのイスラーム教徒にも投影され、「モロ」には交渉や友好関係は通用せず、永遠の敵であるという判断がなされた［Gowing 1979 : 30］。また、キリスト教化した中・北部のフィリピン人にとっても「モロ」は脅威であった。イスラーム教徒はスペインの侵略に対する報復と労働力調達のために、キリスト教徒の村を襲ったからだ。このように、植民地支配によってフィリピンのイスラーム教徒とキリスト教徒は対立する二つの集団に分断された、警戒心と敵対心が醸成された〔川島　二〇一二：一六〕。

一九世紀頃にはイスラーム諸王国の衰退と共にモロ戦争が収束し、米西戦争に敗北したスペインに代わって一八九八年からアメリカが植民地統治を開始した。イスラーム教徒は植民地国家に組み込まれたが、「モロ」という呼称は引き続き使用された。スペイン植民地期にイスラーム教徒に与えられた「敵」としての否定的なイメージは、「文明度の低い劣った人々」として引き継がれることになった。米植民地政府は、キリスト教徒が多数派の地域では選挙に基づく地方自治を認めたのに対し、非キリスト教徒の地域では住民の自治能力が不十分であるとして地方自治を制限した。一九〇三年に南部の七州に設置された「モロ州」は、行政府の直接監視下に置かれ、軍人が行政にあたった〔川島　一九九二：一一八〕。

植民地支配を背景に対立感情を持つようになった人々は、やがて同じ地域に居住するようになる。南部フィリピンの主にミンダナオ島で、イスラーム教徒とキリスト教徒の混住が進んだのは米植民地期からである。農地開発を進め、中・北部の人口圧力を緩和するために入植を推進する政策が取られたためだ。さらに肥沃な土地を目指す自主的な入植者も少なくなかった。中・北部からの開拓移住によって、イスラーム教徒と非イスラーム教徒の人口比は逆転した。一九一三年には九八％であったイスラーム教徒の人口割合は、一九七六年には四〇％にまで減少した〔Ahmad 1999: 9〕。

キリスト教徒の流入やそれを振興する制度は、イスラーム教徒の生活基盤を脅かした。例えば、開拓移民の増加に伴って制定された土地所有に関する法律は先住民にとって不利に働いた。書類を揃えるには法律家や専門家の助けが必要であり、当時文字の読めなかった多くのイスラーム教徒は手続きができずに土地を失った〔石井　二〇〇二：八九〕。また一九五〇年代以降の多国籍企業による開発事業は、恩恵をマニラや外国にもたらしたが、土地の買い占めや自然破壊によってイスラーム教徒や山岳民族の生活に打撃を与えた。現在でも、ミンダナオ地方の貧困層人口比率は全国平均を上回っている〔川島　二〇一二：三五〕。資源が豊かな地域に住んでいるはずなのに生活が苦しいという不満は、自分達の土地と権利を取り戻したいという想いに繋がり、一九六〇年代末から展開される分離独立運動を支えることになった。

一九四六年にフィリピン共和国が独立した後も、土地問題や政治・経済・社会的格差は放置された。新たに議員や政府要職に就くことになったイスラーム教徒の地元有力者が、マニラの政治勢力との関係を重視したためだ。地元のエリートが中央の政治勢力に取り込まれることで、イスラーム教徒の民衆の利益を代弁するような社会改革は停滞した。こうした状況下で、急進的な運動によって社会改革を行おうとするイスラーム教徒の若手リーダーが台頭していった［川島 二〇一二：五八］。そのような中、一九六八年にある事件が起きる。スールー諸島などから国軍の極秘作戦のために集められたイスラーム教徒の若者達が、訓練中に国軍自体の手によって殺されたのだ。この「ジャビダー虐殺事件」は、フィリピン国家がこれまでイスラーム教徒を差別し、排除してきたことを象徴する出来事としてイスラーム教徒に受け取られた。

ジャビダー虐殺事件が契機となり、イスラーム教徒を主体とする自警団や反政府勢力が各地で生まれた。そしてこれらを組織化し南部フィリピンの分離独立を求めて政府と交渉を行ったのはモロ民族解放戦線（Moro National Liberation Front：以下MNLF）である。指導者のミスアリは、貧困層出身でありながら名門フィリピン大学で学んだ新しいタイプのエリートであった。MNLFという組織名には、「野蛮で劣った」イメージを付与されてきた「モロ」という語が使用されている。彼らは、歴史と領土を共有する集団として「モロ」をあえて使うことで、固有の社会・文化と領土を守り、奪還するためには戦闘も辞さない誇り高い人々のアイデンティティとして読み替えたのだ。

当時、フィリピンではMNLFのみならず、フィリピン共産党系のゲリラ組織が全土で勢力を拡大していた。それに対して当時の大統領マルコスは国軍を増強して強権的に対処した。フィリピン国軍は反政府勢力が潜む疑いのある村に対して、銃撃、爆撃等の無差別で過度の武力行使を行った［ベリョー 一九九一：五八—五九、六四—六五］。こうした国軍の対応は国際社会から批判され、マルコスはそれを回避するため、イスラーム諸国会議（Organization of the Islamic

Conference：以下ＯＩＣ）にイスラーム教徒による分離運動の問題を持ち込んで交渉する方針を取った。一九七四年のＯＩＣ総会で初めてフィリピンの問題が取り上げられ、一九七六年、イスラーム教徒が集中する一三州に自治政府の設立を認めるトリポリ協定が締結された［Danguilan and Gloria 2000: 34］。

一九八九年に民主化後のアキノ政権下で住民投票が行われた結果、四州がムスリム・ミンダナオ自治地域（Autonomous Region in Muslim Mindanao：以下ＡＲＭＭ）となった。長年の運動が一定の成果を挙げた出来事であった。ＭＮＬＦは、住民投票の時点では内容が不服としてＡＲＭＭへの参加を拒否していた。しかし、一九九六年にラモス政権との最終和平合意が締結され、同年、ミスアリがＡＲＭＭ長官に就任した。その際ＭＮＬＦは兵士の一部を国家警察や軍に統合させたため、残りの勢力も他組織へ分散していった［Danguilan and Gloria 2000: 57-58］。

一方、和平交渉に加わらなかったモロ・イスラーム解放戦線（Moro Islam Liberation Front：以下ＭＩＬＦ）は、その後の運動の中心となった。ＭＩＬＦはミスアリの出身民族メンバーの優遇、行動決定の不透明性、ＯＩＣでの外交に明け暮れる姿勢などに不満を持ちＭＮＬＦから分派した組織である［Danguilan and Gloria 2000: 122］。九〇年代以降も、イスラーム法に基づいて統治される高度な自治地域成立を目的に運動を継続している。「はじめに」で述べたように、二〇〇八年には政府とＭＩＬＦとの間で「先祖伝来の領地にかんする合意書」が結ばれた。この合意書は、南部フィリピンの先住民の権利を守るため、彼らが住民投票で選択した土地にバンサモロ（バンサは国、民族、人々を意味する）の法的実体を与えると定めた。それまでのＡＲＭＭに加え、隣接する六つの町と七百以上の自治体が住民投票の対象となった。この合意は結局、反対運動の末に最高裁で違憲とされたため実現しなかった。

そして私がフィリピン滞在を始めてすぐの二〇一二年一〇月、新たな自治地域成立を目指す「バンサモロ枠組み合意」が調印された。しかし、ＭＮＬＦやＭＩＬＦを起源とする、現在の和平交渉に不満を持つ勢力が現れ、国内外のイスラーム組織と繋がり独自の運動を展開するようになっている。南部フィリピンで分離独立や高度な自治を求める運動は、進展が見られるたびに、交渉から外れた組織や派閥が異議申し立てを行い紛争が勃発するため、未だに和平実現に至っていない。

一方、政府と運動組織とが交渉を進めている間に、現地の住民は大変な苦境に置かれてきた。一九七〇年代には政府とＭＮＬＦとの武力衝突に加えて、政治家の私兵が関わった虐殺事件が頻発し、南部フィリピンは紛争状態に陥っていた。イスラーム教徒、キリスト教徒、その他の先住民を含む五万人から十万人もの命が犠牲になり、数百万人が家を逐われたとされる［Ahmad 1999: 9］。当時、一つ一つの事件は必ずしも宗教間の争いが原因というわけではなく、政治家による選挙絡みの抗争が激化したことも背景としてあった。ただ、分離独立運動が与えた衝撃は大きく、事件を「宗教対立」と煽る報道も手伝って「宗教紛争」の構図が強化されていった。

さらに二〇〇〇年三月には、エストラーダ大統領によって大規模なＭＩＬＦ掃討作戦が決行され、九〇万人以上の難民を生んだ［Canuday 2009: 23］。そのきっかけとなったＭＩＬＦと国軍との衝突は、イリガンから車で一時間程の町で起こった。私が調査で出会った中には「身内を殺された」、「死体を目撃した」と当時の生々しい記憶を語る人もいた。この掃討作戦に際してエストラーダは政府による民兵組織を増強した。その結果、住民相互の不信感や敵対心が強まり、住民が自衛のために武装を強化し、民間人による襲撃事件が頻発した［川島 二〇〇二：一二五］。例えば、ミンダナオ島南ラナオ州で住民二〇人が殺された事件の被害者は全員キリスト教徒であった。ＭＩＬＦの兵士だと名乗る武装集団が、住民をイスラーム教徒とキリスト教徒に分けて別々の小屋に拘束し、キリスト教徒の中にいた民兵組織のメンバーに死刑を宣告し発砲した。その後武装集団は他の人々にも発砲し、付近の家に放火し逃走した［川島 二〇〇三：四二一―四二三］。住民を二分して繰り返されるこのような暴力の応酬は、南部フィリピンにおけるイスラーム教徒とキリスト教徒の関係を悪化させた。事件は地域住民の間で語り継がれ、数十年が経過しても両者の関係に影響を与えている。

2　イリガンの人・治安

イリガン市は「七つの滝がある町」として有名で、沿岸部に発展した町並のすぐ後ろが急勾配の山になっている。二〇一〇年時点の人口は三二万二八二一人、主な産業はセメント産業、鉄鋼業、滝を利用した水力発電、採鉱、農業、漁業などである。海や川の側には主に貧困層が居住しているのに対し、海抜が高いエリアには富裕層が暮らす住宅街がある。また、郊外の高台には、ピンクや黄色のカラフルな家が数十～数百戸並ぶコミュニティが点在する。二〇一一年にイリガンを直撃した台風センドン被災者のための住宅だ。二〇一二年には車で一時間半の所に空港が開港し、最新のショッピング・モールの建設計画が進められるなど経済発展が進む。

イリガンでは、伝統的にイスラームを信仰してきたマラナオや、主にビサヤ地方から移住してきたキリスト教徒が共に暮らしている。二〇〇〇年の統計では、八五％がセブアノ語やビサヤ語を話す人々（ほとんどがキリスト教徒であるが、イスラームに改宗した人達も含まれると考えられる）であり、マラナオが六・六％、山岳地帯に住む少数民族のヒガオノンが一・五％等となっている［Philippine Statistic Authority］。統計上、イスラーム教徒の数は非常に少ないが、実際に街を歩いて出会う割合は統計よりもずっと多いと感じられる。彼らは隣接する町やマラウィ市からやってきて、就学・就労している。イリガンには大学や市場が集まっているからだ。

イスラーム教徒の中にも様々な民族があるが、イリガンでは圧倒的にマラナオが多い。マラナオはミンダナオ島の南北ラナオ州に多く分布し、その人口は一〇〇万人を超える。フィリピンのイスラーム教徒の中で最大の民族集団だ。また、近年イスラーム組織による布教活動が活発化する中、キリスト教からイスラームへの改宗者も増加している。そうした改宗者は自らを「バリック・イスラーム」と呼ぶ。「バリック」は「戻る／帰る」を意味するので、その名称には「正しい宗教であるイスラームに帰ってきた」という意味が込められている。フィリピンのキリスト教徒にとって、イスラーム教徒といえば言語や文化が異なる人々との認識があるが、同じ言葉を話し昨日までキリスト教徒であった家族や隣人が、ある日イスラーム教徒になるという新たな状況が生まれている。

田舎町イリガンは一見とても平和だったが、現地の人達からは「シャブ（覚せい剤）中毒者と誘拐には気をつけろ」と忠告された。ある夕方、遠くで銃声のような音が聞こえた。急いで外に出て周りの人に尋ねると、川の対岸でシャブの売買をめぐる発砲があったという。イリガンではシャブを容易に手に入れることができ、特に貧困地域では常用する人も珍しくない。また、シャブの売買には地域の政治家や有力者の利権が絡んでいる。二〇一六年にドゥテルテ大統領が発表した麻薬関係者リストには前イリガン市長も含まれていた［*Rappler* 2016/12/19 https://www.rappler.com］。

イリガンで起きる誘拐の多くは身代金目的で、中国人や韓国人の実業家、マラナオやキリスト教徒の金持ちが犠牲になった。一番の犯罪対策は地域に溶け込むことだが、イリガンは交通の要所なので外から来る犯罪者への対策は難しい。ホストファミリーには「知らない人に外国人かと聞かれたら、サラの一族の親戚ですと答えなさい」と言われていた。彼女の祖父は地域の名士で一族の影響力も大きいかららしい。実際には、疲れていて初対面の人と話したくない時は「マラナオ」と答えて質問を遮り、元気な時は「日本人」や「マラナオと日本人のハーフ」と答えて相手が驚く反応を楽しんだ。

二　身を寄せ合って生きる

サラがいなくなった後も、私は叔母のナフィー一家と暮らすことにした。木造二階建ての家は淀んだドブ川のすぐ側にあり、台風センドンの時は二階まで浸水したらしい。雨が降ると、泥水が溢れてぬかるんだ道を歩かないと家に辿り着けない。家の中の住環境も良いとは言えなかった。サラは部屋に蚊帳をつりながら「蚊も多いけど、ゴキブリやねずみに咬まれるかもしれないから」と言っていた。「ゴキブリって人咬むんかな」と疑問に思いながら、何となく怖いので私は一人で寝る時も蚊帳をつることにした。彼らがその家を借りたのは、近くに親戚がいたのと家賃が一五〇〇ペソ（当時は一ペソ約二・五円）と安かったからだ。日本の生活との違いにワクワクしたり、たまに嫌になったりしながら、イリガンでの生活が始まった。

2　身を寄せ合って生きる

1　一緒に暮らした家族

手足が折れそうなくらい細身のナフィー（四〇歳）と、がっしり体型の夫、ババ（五五歳）は見た目が対照的な夫婦だ。再婚同士で結婚六年目の二人は、若夫婦のような痴話喧嘩をする。ある日の夕食後、ババが「あすな、俺は理想的な夫なんだ。ナフィーはもっと俺に感謝するべきだ」と自慢気に語り出した。

「何故なら、俺は仕事をする、酒を飲まない、博打を打たない……」「はぁ⁉　でもメル友の女がたくさんいるじゃない」ナフィーがすかさず突っ込む。痛いところを突かれたのかババは苦笑いするしかなかった。確かに、ババは真面目に仕事をする分、道端にたむろしているだけの近所の男達よりだいぶマシに見えた。ババの仕事場はバイクで四時間程かかる町にあり、月の半分はそこに寝泊まりしている。日給五〇〇ペソなので月の稼ぎは一万ペソ（約二万五〇〇〇円）もない。さらに給料の支払いの遅延も多々あり、給料日前は電気代を払うのも難しい。そうなるとお米や雑貨をツケで買う。けれどお金が手元にある時にはおもちゃやドレスを惜しげもなく買う。突然、「あすな、これ使うだろ！」と、どこからか二段ベッドを手に入れてきたこともあった。「え、今それ買っちゃったの？」と呆れながら、嬉しかったのを覚えている。その時は居間に雑魚寝していたから、私のパーソナルスペースがないのを気にしてくれていたのだ。

余分なお金があれば「貯金」するのが当たり前だった私にとって、彼らの金銭感覚を理解するのは難しかった。でも、ここでの生活は日々の助け合いによって成り立っていたし、もしもの時は貯金以外の方法でお金を工面する。どうせ少ししかないなら、貯金に回すよりも誰かを喜ばせたり親戚や近所の困っている人のために使った方が良いのかもしれない。私としては「貯めといたら安心やのになぁ」という気持ちは最後まで消えなかったが、彼らは彼らなりに知恵や人間関係を駆使して日々を生きているのだということが徐々に分かってきた。

ナフィーとパパには、互いに前のパートナーとの間に子どもがいる。彼らは時々泊まりに来たが、基本的には夫婦の息子で四歳になるブドイと三人で暮らしていた。居候を始めて数か月後、ブドイが私に懐いてくると、「あすな、ちょっと出かけてくるからこの子のことよろしくね」と夫婦で出かけることが増えた。子どもの世話は大変で、時々ものすごく憎たらしくなることもある。でも、ブドイが「アテ！（お姉ちゃん）」と目を輝かせて飛びついてくると、普段の疲れや悩みを忘れて穏やかな気持ちになることができた。

フィリピンでは、子どもの面倒は親や祖父母だけでなく周りの大人みんなで見るという意識が強い。ただしこの状況は、単に人と人との温かな繋がりが残っているというわけではない。親世代に出稼ぎ労働が多いことが背景としてある。特に海外で需要の高い介護士や家事労働は女性が主要な就労者なので、母親が数年間不在になることも珍しくない。また一方で、国内の経済格差が大きく、ある程度収入があれば住み込みの乳母を雇うことができる。低収入であっても、親戚を探せば定職についていない者が大抵何人かいるので、子育て・家事を任せる人を見つけるのがたやすい。そして、自分自身が子どもの時からそうした環境で暮らしているため、親以外が子育てに関与するのに抵抗が少ないのだと思う。

自分の子だろうが他人の子だろうが、身近に子どもがいて世話をするのが当たり前な社会。自分がもし子育てをするなら、日本よりフィリピンにいる方が肩の力を抜いて楽しめそうな気がする。もちろんフィリピンでも大変なことはたくさんあるのだけれど。どこに行っても子どもがたくさんいて賑やかなフィリピンだと、ついそんなことを考えてしまう。

2　ご飯

フィリピン料理は、ハーブやスパイスを多用せず甘じょっぱい味付けが主流である。豚肉等を醤油と酢で煮た「アドボ」や、魚介または肉と野菜を加えた酸味のあるスープ「シニガン」が有名だ。一方、食文化の異なるマラナオの料理は、ターメリックと唐辛子をよく使うのが特徴だ。手掴みで食べることが多いので食後うっかり目をこすった時は大変な目にあう。辛さ控えめの子ども用でさえ私にとっては十分に激辛だ。それでもブドイは、「ハァ〜、辛い！」と言いながら平らげていて驚いた。また、彼らはイスラーム教徒なので豚肉は食べない。普段は魚介類か鶏肉、お祝いの時は山羊や水牛をよく食べる。ナフィー達は、肉を料理する時は大抵生きたままの鶏を一羽買ってきて家で絞める。首筋を切って血を抜いてからお湯で煮て羽をむしり、解体してココナッツミルクを加えたスープにする。

豚肉は、キリスト教徒にとってはごく身近な食材である。フィリピンのパーティ料理の主役といえば豚の丸焼き「レチョン」だ。そのため、キリスト教徒が経営するレストランで食事する際、「豚肉が入っていないか」を心配するイスラーム教徒は多い。当時彼らの間では「ジョリビーやマクドナルドのメニューには全て豚の成分が入っているらしい。でもKFC（ケンタッキーフライドチキン）は安全だ」と噂されていた。「ジョリビー」はフィリピンで最も人気があるファストフード店だ。フライドチキンとご飯のセットといった、豚肉の入っていないメニューもある。なぜKFCだけが安全なのか。友人達に尋ねてみたが答えを知る人はいなかった。他のファストフードより高級そうだからかもしれない。どちらにしろ田舎町イリガンにKFCはなかったので、「豚が入っているかも」とドキドキしながら、みな仕方なくジョリビーでチキンを食べていた。

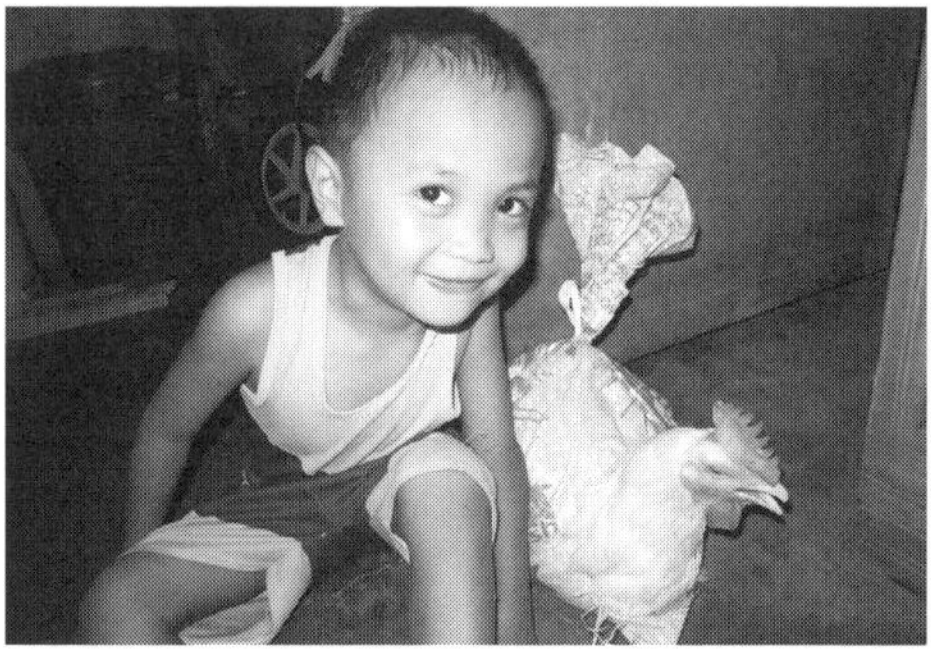
写真2　市場で買ってきた鶏とブドイ（4歳）

外食するお金がなく食事の準備も面倒な時は、おかずを買うこともできる。食堂や家の軒先で煮ものやスープが一品一〇ペソほどで売られている。その中でも、私はイバの店で朝ご飯を買うことが多かった。彼女はキリスト教徒だが、娘がマ

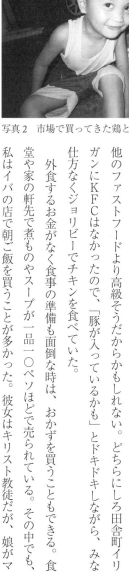

ラナオの男性と結婚していた。イバの作る料理には絶対に豚肉が入っていないと、ナフィー達の信頼も厚かった。イバの明るい人柄に惹かれて店の周りにはいつも人が集まっている。最初の頃、「この子はあすな、あの親切なマラナオの家に住んでいるんだよ」とみんなに紹介してくれた。キリスト教徒の中には「マラナオは自分達と違う、よく分からない人達」という意識が根強い。マラナオと暮らす私は警戒されているように感じることもあり、イバの存在はとても心強かった。

イリガンでは、キリスト教徒はフィリピン語/タガログ語ではなく地方言語のビサヤ語を話す。ビサヤ語を話せないマラナオは、キリスト教徒との間に壁をつくってしまいがちだ。しかし、ナフィーやパパはビサヤ語を流暢に話すので近所の人と顔馴染みになるのが上手だった。特に隣に住む三〇代の女性レイチェルとは、よくおかずのお裾分けをしあっていた。ただ、牛の皮や肉を煮込んだ料理「バルバコワ」を貰った時は、ナフィー達の口に合わなかったらしく私ばかり食べることになった。正直、微妙な味だったのだけれど、「ゼラチン質でお肌がつるつるになるかも」とひたすら牛の皮を頬張った。

3　質入れ

「だから、金がないって言ってんでしょ！」

数日前にバルバコワをくれたレイチェルの家から、怒鳴り声がする。ナフィーが「レイチェルと恋人が喧嘩してるんだよ」とそっと教えてくれた。同時に、甲高い子どもの泣き声も聞こえてくる。くるくるとカールしたくせ毛が可愛い六歳と四歳のレイチェルの娘達だ。私がこの家の前を通るたび、二人はいつも肩を並べて、二階の窓から外を眺めていた。子ども達の父親はずっと昔にどこかへ逃げてしまったらしい。

「夫はもういないしね。一昨年の台風の後から、レイチェルはあのトンボイと付き合うようになったのさ」とナフィーが続ける。私は「え？　トンボイ？」と思わず聞き返した。トンボイとは、服装や仕草、セクシュアリティも含めて「男性のように振る舞う女性」を指す時に使われる。お母さんの彼氏がトンボイってパターンもあるんだなぁと少し驚いた。「レイチェルは自分の借金をトンボイに払ってもらいたいんだよ。彼はガードマンの仕事をしてるけど、毎日じゃないからね。それが原因でいっつも喧嘩になってる」。そこまで聞いたところで、言い争いと泣き声、物が落ちたり叩かれたりする音が激しくなった。続いて「もう出て行け！」というしわがれた声がして、騒ぎは一旦静かになった。年老いたレイチェルの父親だった。今回の喧嘩はとりあえず収まったようだが、私は二人の娘のうちのお姉ちゃん、ライザのことが気になっていた。今は五月、もうすぐ新学期が始まる季節だ。ライザは今年小学校に入学すると聞いている。フィリピンでは公立学校の授業料は無料だが、制服や教科書は有料なので、特に入学時・新学期には何かとお金が要る。レイチェルは時々近所の人から洗濯やマニキュア塗りを頼まれて小金を稼ぐだけで、彼女の父親にも定期的な収入があるわけではない。レイチェルの家はその費用を調達できるのだろうか。

そんな心配をしていると、何日かしてレイチェルが訪ねて来た。「この扇風機、五〇〇ペソで質入れしてくれない？」というのだ。扇風機と引き換えにお金を渡し、一定期間に彼らがお金を返せなければ、扇風機がナフィー達のものになるらしい。外を見ると、レイチェルの父親が木製の大きなベンチを担いで運び出しているところだった。ナフィーとパパは「それいくら？　五〇〇？　高いよ、三〇〇にしてよ」などと交渉を始める。結局、レイチェルは近所の人達にいくつかの品を質入れすることで、入学費用を準備した。後日、道で見かけた制服姿のライザは、ピンクのスカートがよく似合って可愛かった。

質入れは、急ぎでお金が必要な際によく使われる方法だ。よく聞いてみると、うちのガスボンベ（都市ガスが普及していないのでプロパンガスを使っていた）やテレビや扇風機は質入れで手に入れたものだった。ナフィー達もこれまで、生活が苦しい時にそれらを質入れしてお金をつくってきたのだろう。私はふと、一緒に住み始めてからは自分が彼らのセーフティネットになっているのだと、思い至った。時々、ブドイの学費やナフィーの薬代のために二〇〇ペソや五〇〇ペソを貸したりしている。その代わり、毎月の家賃を払うと私が提案しても、「よしてよ。家族みたいなもんなんだから」と、受け取ってくれなかった。私の心中では「家賃を払ってそれ以上は払わないって決めた方が、気が楽なんだけどなぁ」という想いと「お金のやり取りで毎回話したり、考えたりする方が人間らしいのかも」という想いが、フィリピンにいる間ずっと混在していた。日本に帰国してから金額を考えると何ともせこい話なのだけれど。私がイリガンを離れて三年余り。彼らの家にはまだガスボンベやテレビは残っているだろうか。

4　電気が消えた⁉

レイチェルと反対側の隣家には、小学校の先生が住んでいる。恰幅の良いその女性は「マエストラ（先生）」と呼ばれ頼りにされていた。面倒見の良い女性に、生活力に欠ける男が寄ってくるのは世の常なのか。彼女の夫は極端に痩せて目が血走っており、いかにも薬物中毒者といった風体をした、近所でも有名な無職のシャブ中だった。マエストラの家は電気を引いているので、私達は彼女の家から電線を伸ばしてきて電気を使わせてもらっていた。正規の手続きには大金がかかるからだ。うちに毎月五〇〇ペソの電気代を集金しに来るのは夫の役目だった。

その日はパパが一〇日ぶりに帰ってくるので、私とナフィーは夕方から食事の支度に取りかかった。すると突然家の電気が全て消えた。イリガンでは水力発電が主な電力源のため、雨量の減る乾季の停電は日常茶飯事だ。最初は「また停電か」とため息をついたが、なぜか隣の家には電気が灯っている。どうやら、電気を引いているマエストラの家に問題があるらしい。すぐにナフィーが事情を尋ねに行った。壁に耳を近づけてみると、男女が言い合う声が聞こえてくる。嫌な予感だ。戻ってきたナフィーが「電気のことで喧嘩してる」と抑えた声で言った。なんと、うちに電気を引いていることを夫はマエストラに伝えていなかったらしいのだ。びっくり。三か月の間、私達ともう一つの家から電気代を徴収し、そのままネコババしていたことになる。夫は認めなかったが、電気代がシャブに消えたことは明白である。マエストラは怒って、うちと繋いでいた電線をとってしまった。うろたえる私を尻目に、「キャンドルで我慢するしかないね」と、ナフィーは平気な顔をして料理を再開した。

すっかり暗くなってから帰宅したパパと、食事をとりながら事の顚末を共有する。キャンドルの明かりが揺れる中、パパは苦い顔をして「ほら見ろ。酒飲み、シャブ中、博打打ちは大抵キリスト教徒だ」と話した。ナフィーは生返事をしながら筍のココナッツ煮を口に運ぶ。私は二人の横でいつもと同じもやもやとした感覚を抱いていた。研究テーマが常に頭にあるからかもしれないが、この種の語りに頻繁に出くわしていたからだ。パパの発言に関して、現実にはもちろんその限りではない。イスラーム教徒のシャブ中がいることをパパもナフィーもよく知っている。でも、そういう風に言わずにいられないのはなぜなんだろう。「キリスト教徒の女はスパゲティ（肩紐が細いキャミソール）なんて着て恥知らず。男と遊びまわっている」、「イスラーム教徒は教育がないから可哀そう」、「あんたの旦那は女好きなんでしょ。だってイスラーム教徒の男って妻が何人もいるし」

みんな、全員に当てはまる事実ではないと分かっている。この時も「でも、こないだイスラーム教徒のシャブの売人が逮捕されてたよね」と指摘すると、「確かに。まぁ、人によるってことだね」と返ってきた。「……やっぱり分かってるんやん」と納得できない私には構わず、二人の話題はもう、売人がシャブの儲けで建てた豪邸の話に変わっていた。

5　新しい海辺の家

川沿いの家に住み慣れた頃、私達は突然そこを離れることになった。家主が糖尿病にかかり、透析の費用を得るため家を売ることにしたからだ。家の売値一五万ペソを払えば住み続けることもできたが、当然そんなお金はなく、引っ越しを余儀なくされた。引っ越し先の家は海のすぐ近くだった。浜辺に出てみると、近くの工場から出る排水で水が

写真３　グシーナ（写真左）の店の前で

汚く濁っていて、泳ぐ人は少ない。それでも、暑い日の夕方には浜に出て涼むことができる。洪水の心配が少なく、海風が通るため嫌な臭いもしない。気持ち良く過ごせる場所だった。ナフィーの姪家族も同居することになり家の中はさらに賑やかになった。

近所の家の軒先では野菜や調味料を売っていて、グシーナという八〇歳近いおばあさんが店番をしていた。こうした店は、市場やショッピング・モールで仕入れた品をニンニク一片、調理油一回分まで小分けして売ってくれるので、まとまったお金がない庶民にとっては欠かせない。グシーナは、新しい家に住み始めた翌朝、通りかかった私に声をかけてくれた。一〇人の子どもを育てあげた彼女は、隣近所に住む子どもや孫達に囲まれて、夫と共に店番、家事、子守に毎日忙しく幸せそうだった。私がマラナオの家に居候していると話すと、グシーナはかなり驚いたようだ。新しい家の周りはほとんどがキリスト教徒だったので、珍しかったのだろう。側で話を聞いていたグシーナの娘が怪訝そうな顔をしている。「彼らはあなたに親切にしているの？　マラナオなんだから信用したらだめよ」と、彼女は声を潜めて言った。グシーナは、場を取りなすように私と彼女の娘に向かってゆっくり話した。「キリスト教徒にも、盗人や誘拐犯、銃を振り回しているようなのがいれば、そうじゃないのもいる。マラナオもきっと同じなんだろうよ」

「信用するな」と「良いのと悪いのがいる」。キリスト教徒の友人にマラナオの家族と住んでいると言うと、反応はだいたいこの二パターンだった。両方とも、「よく知らない他者」であるマラナオと関わる際に彼らが胸に留め置いている本音なのだと思う。マニラやビサヤ地方と比べ、出会う機会が格段に多いイリガンでさえ、イスラーム教徒とキリスト教徒の間には微妙な距離感がある。その中で、個人的な関わりを持ち、目の前にいる人に良いところも悪いところもある、と知る当たり前の経験が積み重なることで初めて、両者の距離は縮まっていく。

6　二つのお祈り

引っ越し前と引っ越し後で変わらなかったこと。それは隣の家から、誰かが言い争う声が筒抜けで聞こえてくることだ。彼らの喧嘩の理由はやっぱり「お金のこと」らしい。右隣のリーザおばさんには九人子どもがいる。孫も何人か一緒に暮らしていて、敷地は私達の家より狭いからまさにすし詰め状態だ。夫は大工だが収入は不定期で、成人した上の子にも仕事がない。下の子ども達は、三、四人連れだってうちに遊びに来ては食い入るようにテレビを見ていた。生活はかなり苦しそうなリーザだが、いつもあっけらかんとして明るい女性だった。彼女は通りすがりに必ず世間話をしていく。ふいに私に向かって「ほんとにあんたは美人ね。ナフィーの姪っ子も美人よね。まるでイスラーム教徒じゃないみたい！」と、褒めているのかけなしているのか分からない言葉をかけてきて苦笑してしまった。

リーザ達はカトリック信者ではなく、ボーン・アゲイン・クリスチャン（新生の概念を強調するプロテスタントの教派。以下ボーン・アゲイン）というキリスト教の宗教グループに属していた。ほぼ毎日昼夜を問わず、キリストを賛美する歌が大音量で流されている。ある夜、私が寝付けずにいると、リーザの家からぼそぼそと話し声が聞こえてくる。それはどうやら祈禱のようだった。最初に必ず「神様、感謝します」と言い、早口でいくつかの文章を繰り返す。それを大勢の人々が輪唱をするようにタイミングをずらして口ずさんでいる。声はどんどん大きくなり、弱まる気配はなかった。隣の部屋ではパパとナフィーが起き出して何事か話す声が聞こえる。きっとナフィーが眉をしかめて「何なのこれ？」と尋ね、パパが「キリスト教の祈りだ」と説明しているのだろう。

それが終わって眠りについたのもつかの間、泊まりに来ていたナフィーの叔父が、朝五時に大声で祈り始めた。一日五回の礼拝は確かにイスラームの義務の一つだ。でも、早朝のお祈りは呟く程度の声量で良いはず。今度はリーザ達が「イスラーム教徒は、よく分からない祈りを早朝にして。うるさいなぁ」と思っているかもしれない。どちらのお祈りも、日本だったら騒音問題に発展しそうだ。しかしその後、リーザ家に、特に苦情を言うことも言われることもなかった。深夜と早朝の二つのお祈りは、私達が次の家に引っ越すまで何回か繰り返された。

家の気密性が低いフィリピンでは、周りから様々な音が聞こえる。喧嘩や酔っ払いが騒ぐ声、赤ちゃんの泣き声、近所で飼っている鶏や豚の鳴き声もする。家が振動するくらいの大音量で朝からポップ・ミュージックを流したり、夜中までカラオケの声が響いたりするのも日常である。ナフィーいわく「ただで音楽聞けて良いでしょ?」という感覚らしい。雑多な音に溢れているから騒音が気にならないという状況は、宗教についても共通する部分があると感じた。イリガンの宗教は多様で、それぞれのグループが布教活動をしていて改宗者も多い。熱心な信者もいれば、関心が低い人もいる。同質性が高い社会の方が、「違う」ものを受け入れるのが難しい。そういった意味で、この町には異なる宗教の共存が実現しやすい素地があるのだと思う。

7　糖尿病の恐怖

二〇一四年の年明けは、何日も雨が降り続き肌寒かった。ある日、中年の痩せた女性が玄関先にやってきた。私達の家のオーナー、ティトイの妹だった。ナフィーが「どうしたの?」と尋ねると、彼女は突然その場で泣き崩れ、お金がない、病院代が高いなどと訴え始めた。ナフィーは眉間に皺を寄せ、相槌を打ちながら「私達は出て行くから。私達が家を探せば済むことだから」と繰り返す。何やらただ事ではない雰囲気だ。二人は、「でもそんなの悪いし……」「いいから話してきなって!」と互いに叫ぶようにやり取りしている。相手が去り、ババが「彼らはこの家を質入れするべきだ」と言い出した。どうやらティトイが糖尿病の合併症で手術が必要となり、費用を得るために家を質入れするということらしい。「質入れはいくらなの？」「五万ペソだってさ」。ババ達にはとても手の届かない金額だった。前の家主に引き続き、また糖尿病のせいで一騒動だ。

そのすぐ後、ティトイの妹が「兄が家に戻ってきた」と伝えに来た。「なんだって？　病院にいないとだめじゃないか！」。騒然とするババとナフィーと一緒に彼らの家に向かった。中に入ると、ティトイはソファに座り、右足を台に乗せてうなだれている。彼の右足は指先から膝の上まで真っ黒に変色し包帯が巻かれていた。包帯から黒い体液が染み出してきて、台が少し汚れている。後から聞いた話、指先の壊死は随分前から始まっていた。しかし治療をすることなく放っておいたようだ。最近の涼しい気候のせいで血行が悪くなり、症状が一気に進行したのだ。ふと目をやると、ソファのすぐ横にコーラの一リットル瓶がある。不謹慎ながら「誰が飲むねん」と突っ込みを心の中でしてしまう。

ナフィーは彼の足を指差したり触ったりしながら、「なんで親指は黒くなってないの？　ここ痛む？」と次々に喋っている。ティトイの病状が深刻すぎて、私は青ざめ周りの会話に耳を傾けることしかできなかった。ババが頃合いを見計らい、「あの家を質に入れて金を用意するつもりなんだろう。残念ながらうちには五万ペソはない。俺達が出て行くから、他の誰かに質入れを頼んでくれ」と切り出した。しかしティトイは「いや、やめてくれ。出て行かなくてもいいよ」と引き止める。その日はそのまま決着が着かなかった。

私達が五万ペソを用意できれば、家の質入れ先になってそのまま住み続けることができる。ババは親戚に援助を求めたが、買い取りではないためなかなか話はまとまらなかった。「質入れに関わるのはイスラームで禁止されているから」と断られることもあった。私達は諦めて新しい家を探し始めた。ババは仕事でしばらく家を離れることになり、ナフィーと私、隣家のリーザも加わって近所の空き家を回った。

そんな日が続いた夕方、グシーナに店の前で呼び止められた。ティトイの件は既に近所の噂になっており、もちろん彼女も事の流れを熟知している。途中からブドイを連れたナフィーとリーザも加わり井戸端会議が始まった。リーザによると、ティトイは足の切断手術のためセブに向かったらしい。「なんでセブなんかに行ったんだ。イリガンにも良い医者がたくさんいるのにさ。向こうじゃお金がなくてひもじい想いをしているって」「ここで手術するべきだったんだ。そしたら料理を作って差し入れできたのに」「ティトイは昔博打で当てた金で家を何軒か建てたんだってね。働かなくて良いからって酒やシャブばかりやって。病気がひどくなるさ」「お金はそんなになくても、病気しないのが一番だよ」

女達は情報交換し文句を言い合う。やがて眠くなったブドイがぐずると「坊や、おいで。ここに来て休みな」と、グシーナは店の中の長椅子にブドイを寝かせる。彼女はこれまでナフィー達と話そうとしなかったが、この件以降、互いに声をかけあうようになった。トラブルが起きたことで、ナフィー達と地域の人達との関係が近づいたようだ。

翌日の午後、ティトイの妹が「五万ペソ出して住みたい人が他にいる。早く出て行って欲しい」と催促に来た。彼女が去ってすぐ、ナフィーは目星を付けていた空き家のオーナーの元に出かけた。その日私は頭痛がひどく寝込んでいたため、ナフィーが帰ってくるなり「よし、今から引っ越そう」と言い放った時は、正直ゲッソリした。「い、今なの？明日にしない？」とやんわり提案するが、彼女は意に介さず「今が良いよ。とりあえず新しい家を掃除してくるわ！」とホウキを持って颯爽と出て行った。ナフィーは本当にたくましい。イスラーム教徒の女性の中には、外出する際に夫や親戚が常に同伴しなくてはならないという規範に則って生活する人もいる。ナフィーの場合、実質的にそんなことは不可能だし、彼女の性格にもそぐわないのだろう。パパがいない間に家を探し交渉する姿は、なんだか生き生きして見えた。

私達が大急ぎで引っ越しを終えた翌日、ティトイの手術が行われた。後日、右足を失くしたティトイに会うとひどく痩せて痛々しかった。以前は大きなお腹でTシャツがパンパンだったのに。私は彼の近くに行って「クヤ（お兄さん）、足は痛む？　随分痩せたねぇ……。でも痩せて前よりハンサムになったかも？」と冗談めかして声をかけてみた。ティトイは「そうだね」と言いながら、私の手を弱く握って笑った。

結局、苦労して引っ越した三軒目の家には二か月しか住まなかった。パパの給料の支払いが滞り家賃が払えなくなったからだ。その後ナフィー一家は、町はずれにある台風センドンの被災者住宅に移ることになった。ナフィー達も隣人も、みんなお金がなくて生活が苦しいのは一緒。その中で悪口を言い合ったり助け合ったり、関係が近づいたり遠のいたりしながら日々生活していたのだった。

8　イスラーム教徒から見たクリスマス

キリスト教徒にとって一年で一番大きなイベントといえば、クリスマスだ。日本の盆と正月が一度に来たくらいのお祭りムードは、九月頃には既に始まっている。ショッピング・モールには商品が並び、人々はパーティや休暇の予定を楽し気に披露しあう。この時ばかりは、フィリピン全土と世界中に散らばった家族が一同に会し、パーティ料理の代表格であるレチョンを食べ、ゲームやプレゼント交換をする。こうしたパーティが、家、学校、職場など様々な場所で行われる。隣人であるイスラーム教徒も無関係ではいられない。例えば、ピナスコハンと呼ばれる風習がある。子ども達が家々を回って歌を歌い、その代わりに家人が子どもに小銭をあげるのだ。私達の家にも、五、六歳の子ども達がピナスコハンをしにやってきたことがある。ブドイは玄関に走っていって彼らが歌うのをじーっと見つめていた。料理中のナフィーが「私達はマラナオだ、って言いなさい」とブドイに叫ぶ。ブドイが「僕らはマラナオだから」と何度か伝えても、子ども達は不思議そうな顔をしたまましばらく歌い続けていた。

イスラーム教徒は、原則としてクリスマスを祝わない。しかし例えば、学校のクリスマス会への参加が認められるか否かが議論になっているのを幾度か耳にした。キリストはイスラームにおいても預言者として認められているから、その生誕をクリスマスで祝うのは間違いではないという意見だ。一方で、キリストの生誕が一二月二五日だとは聖書やクルアーン（イスラームの聖典）のどこにも書いていないから、クリスマスを祝う根拠はない。ラマダーン明けや謝肉祭といった定められた祝祭のみが正しい、との反論がある。傍から見ていると、前者はパーティに参加したいがための言い訳のように聞こえてしまう。周りがお祝いムードになっている中、それに全く参加しないのはきっと寂しいのだろう。

ピナスコハンは冷たくあしらったナフィーだが、ブドイの通う幼稚園のクリスマス会には参加するという。ブドイはプロテスタントの教会が運営する幼稚園に通っていた。「なんでその幼稚園を選んだの?」とナフィーに尋ねると、教育の質が良く、生徒の半数がマラナオだから、というのが理由だった。クリスマス会当日、まず牧師の園長から、なぜキリストの誕生を祝う必要があるのかについて説教が行われた。「イスラーム教徒でもキリスト教徒でも、人はみな罪を犯している。キリストがその罪を被ってくれたから、私達は天国に行くことができるんだよ。だから彼に感謝しないといけない」。こうした話が小一時間続き、私は飽きて帰りたくなったが園児はみな大人しく話を聞いていた。

クリスマス会で最も盛り上がったのは、キリスト生誕の場面を再現するゲームだった。最も上手く演じたグループには賞品が出る。聖母マリアが陣痛に耐えるシーンがハイライトだ。幼い女の子が「痛いよ～!」と叫ぶ姿は可愛く、会場の笑いを誘う。そんな中、最近出産したばかりの若い先生が「みんなまだまだ。私が見本を見せる」と志願した。「痛! いだだだ!!」。先生の声がリアルに野太く鬼気迫っていたので、保護者の母親は揃ってお腹を抱えて笑った。

宗教的な教育の場において、この「ノリ」はスタンダードではないと思う。しかし、キリスト教の教えを学ぶことを目的とした行為は「笑い」にスライドしたことで、宗教の異なる人も含めてその場の全員に共有された。こうした柔軟な姿勢が、教会系の幼稚園であってもマラナオの保護者に受け入れられる理由の一つだと感じた。パーティの後、園長に話を聞くと、彼はイスラーム教徒が多く住む地域に生まれ育ち、マラナオ語も喋ることができるという。「キリスト教の布教が目的というわけではない。ただ、園児にはキリストや聖書について教えたいと思っている」と園長は語った。

私が出会った頃のブドイは、イスラーム教徒とキリスト教徒の違いも、フィリピン人と日本人の違いも分からなかったし、気にも留めなかった。彼が幼稚園で最初に出された宿題は、フィリピン国歌を覚えることだった。最初の学期末テストでは、聖書の一節を英語で暗記する課題が出された。そして彼はその年に初めてラマダーン明けの集団礼拝に参加した。キリスト教徒とイスラーム教徒が混在する町で、社会の様々な思惑と雑多な知識が小さな頭に詰め込まれ、子どもは一つ一つをどんな風に解釈し、大人になっていくのだろうか。

9　ラマダーンは大変

一方、イスラーム教徒にとって最も大きなイベントは、ラマダーン（断食）だ。一か月間毎日、日の出から日の入りまで、一切の飲食が禁じられる。ラマダーンは、信仰の基本となる六信五行のうちイスラーム教徒が行うべき義務の一つである。なぜ断食をするのか。この時期、様々な説明を聞いた。まず、アッラーの存在が絶対だと再確認できるという意義がある。つまり、ラマダーン中はどんなに金持ちでも社会的地位が高くても、アッラーの許しがないと水一口も飲むことができない。神の定めたルールに全員が平等に従うことで、人間の驕りを捨て、神の偉大さを実感することができるのだという。そして、ひもじい想いをすることで、貧しい人の気持ちを知るという意義も大きい。他にも、健康に良い（私はこれには納得できない）とか、世界中のイスラーム教徒が断食する一体感が素晴らしいという話もよく耳にした。

ところで私は、ラマダーンは大変楽しいイベントだと思っていた。中東研究者の友人や本から得た情報では、ラマダーン中は仕事もそこそこに家族や友人と集まり、豪華な食事を毎夜楽しむというイメージを持っていた。実際に経験して驚いたのは、真面目に断食をしない人や、毎日断食をきっちりして体調を崩す人が多かったことだ。私も周りのイスラーム教徒と一緒に断食を行おうと試みたが、体がだるく午後になると頭がぼーっとしてくる。残念ながら一か月継続することはできなかった。長時間空腹の後で食事をとるため胃腸に負担がかかるのだ。食べる量を減らせば負担は減るのだが、そうすると全体の食事量が減る。案の定、ラマダーン明けに激やせしている友人が多数いた。また、

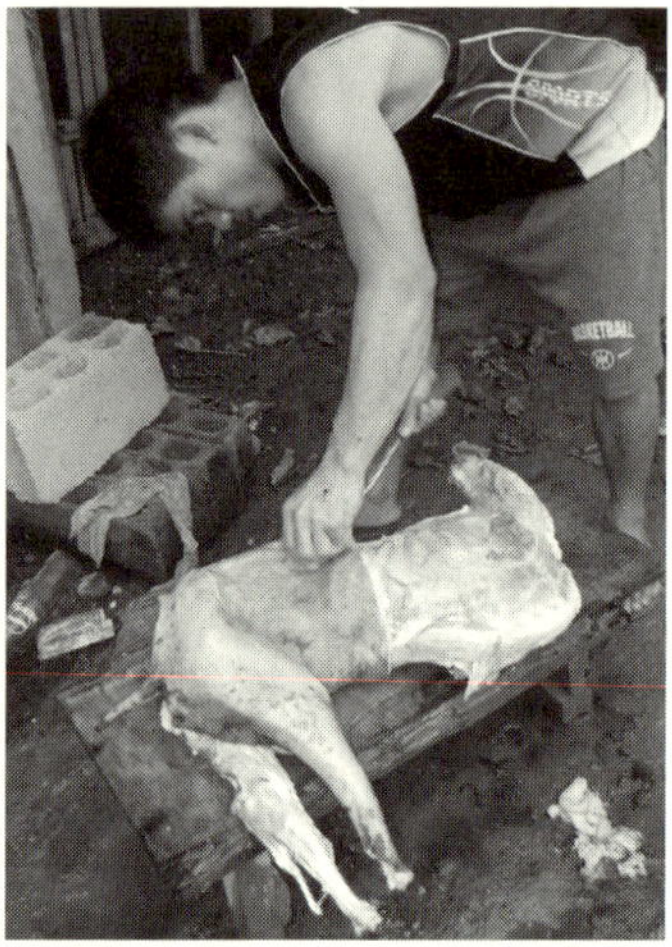

写真4　ラマダーン明けのお祝いで山羊を捌く

イリガンのイスラーム教徒にとって難しいのは、社会の多数派がキリスト教徒であることだ。ラマダーン明けは休日と指定されているものの、ラマダーン中の勤務時間は通常通りである。特に女性は、家族の朝食を用意するため朝三時頃に起床し、一日飲まず食わずで仕事をし、夜はいつも通りの時間に就寝する。そんな生活を一か月続ける姿に感心したが、まさに「苦行」だと感じた。

また、イリガンでは近年、キリスト教からイスラームへの改宗者「バリック・イスラーム」が増えていて、ラマダーンに慣れていない改宗者は、正しく断食を行えるか気が気でない。実に多くの決まりを教わるからだ。例えば、長旅の途中や病気の人は断食を免除される。それから、生理中の女性は体が穢れているため断食をしない（生理中は礼拝もしない）。その他にも、ラマダーンであることを忘れて飲食してしまった場合はセーフで、逆に飲みたい食べたいと欲求するのはアウトではないが、得られるリワード（報い、功徳）が少なくなってしまう。さらに、「イフタール」という一日の断食終わりに最初に口にする物をデーツ（ナツメヤシの実。ドライフルーツ等にして食べる）にすると、より大きなリワードを得られるといったものまである。デーツはものすごく甘いので、血糖値の高い人がイフタールとして食べて大丈夫なのかと心配になる。

バリック・イスラームにとって、宗教に関する勉強会やセミナーが、こうした情報を得る貴重な場となる。集まりは大抵男女別に開催されるか、仕切りで男女を分けた部屋で行われる。「クルアーンを読む会」もその一つだった。毎週三〇代から五〇代くらいの女性改宗者一〇名ほどが集まり、勉強半分、井戸端会議半分で盛り上がる。

ある時、一人の参加者が「ラマダーン中に夫に触れても良いのか」と質問した。日の出から日の入りまで性行為を禁止する決まりがあるため不安になったのだろう。先生は「その気があったらだめだけど、ただ触れてしまっただけなら問題ないわ」と答える。するとさらに別のおばさんが口を挟んでくる。「夜、夫が求めてきても、ラマダーンだからだめとか、疲れてるからって言って、ぐーって寝息を立てて寝ちゃう。そしたら夫も寝ちゃうから！」。先生は少し呆れながら「夜はしても大丈夫だし、それどころか、拒否するのは〝罪〟になる。夫の求めには応じる義務があるのよ」と優しく諭そうとする。しかし、この話題にはみな共通の想いがあるらしく、勢いは収まらなかった。「今生理だからって言うんだけど、旦那も意外に見てんのね。あれ、生理なのに礼拝してなかった？　って。焦っちゃうわ」「下手したら一か月に二回も三回も生理来るよね」「うちもそれ！」と、次々に共感の声が上がった。

周囲はほぼキリスト教徒ということも多いバリック・イスラームにとって、ラマダーンは孤独な戦いとなる。断食は仲間と協力しないと乗り越えられない。彼女らは集まりのたび、「明け方に準備する時短料理」や「ラマダーン中の胃痛の治し方」といったことを相談し、励ましあっていた。そうして結束を強めた女性達は、ラマダーン明けの集会が終わると感極まり抱き合って涙を流す。辛いことも多いが、家族や友人ととるイフタールは賑やかで楽しく、ラマダーン明けのお祝いは山羊や牛を丸ごと買ってきて盛大に行われる。イリガンのラマダーンは、社会が一体となるというより、まだらに行われていた。難しい条件の中で、工夫や努力によってきっちり断食を完遂する人もいる。一方で、やらない人、諦めた人、始めたばかりで上手くできない人などがたくさんいて、それでも受け入れられる。ラマダーンにおけるそうした「まだら感」も、二つの宗教が共存するイリガンらしさだ。

三　入り乱れる宗教、揺れる信仰

イリガンでは、キリスト教やイスラームの宗教組織が活発に布教を行っている。その中で、布教活動にいそしむ人、多様な選択肢から「最良の」あるいは「真の」宗教を選ぼうとする人、いろんな立場の人に出会った。人々は何を求めて改宗するのか、宗教とは彼らにとってどういうものなのか。ここでは、私にとって特に印象的だったボーン・アゲイン・クリスチャンと、イスラームへの改宗者「バリック・イスラーム」を例に見ていこう。

1　カトリックからプロテスタントへ――ボーン・アゲイン・クリスチャンの場合

「私は完全に盲目だったわ」。アルマは思い返すようにゆっくり話した。彼女の肩越しに、日曜礼拝のために集まり始めた信者が見える。「私達の仕事場に、囚人がつくったキリスト像を売りに来た人がいた。私は彼らを助けるためにその像を買ったの。でもある時、その置物は床に落ちて壊れた。なぜそんな作り物に祈っていたのかしら。聖書にはそんなこと全然書いてないのに」

三五年前、アルマはフィリピン人の約八〇％を占めるカトリックからボーン・アゲインに「改宗」した。「昔は聖書を読むどころか、所有、携帯することが禁じられていたの。近所の教会には神父が使う重くて大きな聖書しかなくて、それに触ると頭がおかしくなると脅されていたから、怖くて触れなかった。だからボーン・アゲインの祈禱会の時に、さぁ、聖書を開いてくださいと言われても、聖書って何？　って感じよ。そこから聖書を読むようになって、自分でいろいろ学習してきた。今ではカトリックから多くの人が抜けて来ているでしょ。みんなが聖書を読めるようになって、これまで従ってきた儀礼や教えが実はそこに載っていないことに気付いたのよ」

アルマが感じたのと似た不満を、カトリックから他に改宗した人達から何度か耳にすることがあった。彼らの話にはいくつかの共通点がある。まず、キリストやマリア等の像に祈ったり、崇めたりすることへの疑問だ。イリガンで最も象徴的なのが、町の守護聖人ミカエルの祭りで、大聖堂に置かれたミカエル像を触るために長蛇の列ができることだ。その像を拭いた布で体を拭くと病気が治ると言われている。こうした行いは「聖書にない間違った実践」、「偶像崇拝」として批判される。また、カトリック教会や神父が権威的であることも悪い点として挙げられる。聖職者と一般信徒が平等な立場で聖書の教えを理解し、それに則った正しい宗教実践を行いたいという信者の想いを、他の宗教グループが掬い上げているようだった。

インタビューを終えて礼拝会場に入ろうとすると、アルマが「ジム牧師！」と声を上げた。黄色いポロシャツにジーンズを着た相手は、どう見ても二〇歳そこそこにしか見えない。驚いていると「俺、牧師に見えないでしょ？　よく言われるんだよね〜！」と、軽いノリで握手を求められた。ジム牧師は二五歳だった。彼いわく、このボーン・アゲインのグループは、おそらくイリガンで最初のペンテコステ派の教会である。ペンテコステ派は異言（Speak in Tan：勉強したことのない外国語や意味不明な言語を発する現象）を重視するが、その実践を一般の人には見せない。単に意味不明な言葉を発しているようでびっくりするからだ。しかし異言は、信心深く祈りを捧げた人間と神のスピリットが対話している状態なのだという。ジム牧師は子どもの頃から自然にそれをしていたと語った。

「ペンテコステ派がすごいのは、人を生き返らせたり病気を治したりできることなんだ。例えば、アフリカの牧師が死んで三日後に生き返った映像がユーチューブにある。イスラームではそういうのないでしょ？　俺は、実際に病気を治したとか、奇跡をこの目で見ないと信じないよ」

礼拝が始まる直前、「マダム」と周りから敬称で呼ばれる女性が近づいてきた。彼女はジムとは別の牧師の妻ということだった。「あなたの宗教はなに？」という質問に「うーん、しいて言うなら仏教徒かな」と答えた。するとマダムは「私達は、宗教の違いは気にしない。重要なことは、神とあなたの関係だから」と口滑らかに説明した。続けて、「今から祈りの言葉を言うから復唱して」と指示される。私を真っ直ぐに見てくるマダムの目が怖かったので黙って言う通りにした。「神様、私の守護者で導くものでもある神、今日ここに来たのも偶然でなくあなたのお導きです。人生を与えてくれて感謝します。私の心をあなたのために開きます。アーメン」

礼拝会場に並べられた二〇〇ほどの椅子はほぼ満席になった。正面のステージにはギターやドラムが並べられ、真ん中には白い布の掛かった祭壇がある。開始の挨拶が終わると、すぐにバンド演奏にのせて礼拝リーダーが歌い始めた。参加者は、リーダーに合わせて歌ったり体を動かしたりして感情を表現している。ある人は土下座のような格好をし、またある人は肩をふるわせて膝を叩く。とにかく自分の世界だ。でもちらっと横を見ると、椅子に座ってぼーっとしている人もいて、スタイルは自由らしい。これが、彼らにとって神と近づく方法なのだ。

礼拝が一通り終わった後、引き続き若者向けの活動があるというので参加してみた。自己紹介やゲームをした後は、ジム牧師の説教が行われた。今日は「恋人との関係」がテーマだ。「恋人を選ぶ時に最も重要なことは、キリスト教徒かってこと。友達なら誰でもいい。むしろ誰とでも友達になるべきだ。でも結婚になると違う。俺の姉はその犠牲者になった。義理の兄は、結婚前はうちの教会に通っていたのに、結婚して一週間もしないうちにぱったり来なくなっちまった。許可を得るためだけの演技だったのさ。それからこれも重要なことだ。結婚前のセックスは罪だ！」

これまで、キリスト教やイスラームの集会で、性的な話題にそこまで踏み込む説教を聞いたことがなかったので面食らった。この後どんな展開になるのだろう。興味深く見守っていると、「昔はさ、俺だって罪深い関係をいくつも持ってたよ」と、急にカミングアウトする牧師。おお、そう来るか。他の参加者がどう思っているのか気になるが、聴衆からの反応は特にない。隣に座った女子高生は牧師を一心に見つめている。それが真剣そのものなのか怪訝に思っているのか、表情からは判断できなかった。「でもそんな関係は人生をだめにする。俺も、神の恩寵がある前は間違いを犯した。でも、神が体に入ってからはそんなことはしていない。神が体に入ってくれれば、身体的には無理でもスピリチュアルにはバージンになれるんだよ」

ジム牧師、さっきは子どもの時から神のスピリットと対話できたと言っていたのに、なぜそんなにたくさん罪を犯してしまったのか。真面目に考え出すと辻褄が合わなくておかしかった。ただ、彼のような宗教リーダーに対してカトリックの神父よりも親しみが湧くのは間違いないだろう。神は全知全能の完璧な存在であるが、完璧な人間なんていない。一般信徒と同じ目線で話せる、突っ込みどころの多い人間味のある人物が率いていることも、この教会の魅力なのかもしれない。

2　勢いづくバリック・イスラーム——キリスト教とイスラームの境目

こじんまりしたコンクリート造りの建物は、町はずれの林を抜けた先にあった。毎週日曜日にバリック・イスラームの集会が開かれると聞いた私は、恐る恐るその会場を訪ねてみた。事前に私の素性を説明してくれた友人のおかげだろう、既に会場にいた数人は部外者の訪問を自然に受け入れてくれた。ただ、「今日はバリーが来るから」とみんなが口々に、しかも何となく含みを持たせて言うのが気になった。しばらくして外に立派な車が到着し、降りて来た男性がバリーと名乗った。腰に巻いているポーチもズボンの柄もミリタリーだ。いかにも軍人か警察官っぽいと思った通り、彼は元警察官だった。バリーは私に向かって「仏教徒の女の子がいると聞いて、昨日急いで調べてきたんだ」と言った。そういえば、友人経由で私の信仰について聞かれたので「一応、仏教徒なのかなぁ。たまにお寺に行ったりするけど。でも神社にも行くし……」と曖昧に答えていたことを思い出した。

バリーは笑顔で話を続ける。「実は、イスラームの聖典クルアーンに仏陀は預言者の一人だと書かれている。仏教は、人間の煩悩や欲を失くすことに注力してきたから、絶対の創造主アッラーの存在がぼかされてきただけだ。だから、もしイスラームに入るとしても、仏教の教えを捨てる必要はないんだよ」

「あすなは死後の世界を信じるか?」「うーん、あったら良いなとは思うかな」「これまでに死んだ人は全員、審判の日が来るまで待ってるんだよ。その時に天国に行くか地獄に行くか決まるから。審判の日がいつかは誰にも分からない。もし今この瞬間に審判の日が来たら、その時点で僕らの行き先も決まってしまうんだ。それから、もし今ここに銃を持った男が入って来て撃たれたら、あるいは地震が起こって死んだらどうなる？　このまま死んだら君は天国に行けない。絶対に後悔する！」

バリーの勢いは止まらない。「神を信じるか？　仏陀も含めた預言者を信じるか？　天国や地獄を信じるか？　もし信じるなら、君はもうイスラーム教徒だ。もう基本的な教義は理解したでしょ。シャハーダ（信仰告白）するなら今だ！」。私が「何それ!?　超強引この人……」と戸惑っていると、側にいた初老の男性が「急に言われてあすなは困ってるよ。納得してから改宗しないと意味ないでしょ」と、助けてくれた。彼の名はナセルといって、このバリック・イスラーム組織の中心人物だった。イスラームへの改宗前はプロテスタント教会で牧師をしていたらしい。柔らかい口調や表情、小柄な体にきちんとイスラームの衣装を身に着けていること、豆乳ミルクを売って生計を立てていること、いずれをとってもバリーより好感が持てる人物だった。もともと、バリック・イスラームのことを知りたくて来たのだけれど、キャラの濃い人と出会ってさらに興味が湧いてきた。これをきっかけに、彼らの主催するセミナーや勉強会に参加させてもらうようになった。

イリガンには複数のバリック・イスラーム組織があったが、ナセルやバリーのいる組織は最近特にダアワ（布教）活動を活発化させ、様々な場所でダアワ・セミナーを開催していた。この組織のおかげか、イリガンのバリック・イスラームの数は少しずつ増えているようだった。中高年世代が多い中で、三二歳のバリーはダアワ活動における貴重な若手戦力だ。彼の父はマラナオのイスラーム教徒であるが、バリーはカトリックを信仰していた母の影響でキリスト教の小学校に通っていた。そのためキリスト教の教義や儀礼を熟知している。バリーは昔から何となく「自分はイスラーム教徒だ」という自覚はあったが、宗教に深くコミットすることはなかった。しかし、マニラで警察官として働いていたある日、ふいに「もし、今死んだら自分はどうなるんだろう」と不安に思い、故郷のイリガンに戻ってダアワをすることに決めた。バリーはよく「多くの人にイスラームの教えを伝え、改宗させることが僕の使命だ」と話した。

仕事や家族との時間を惜しんで彼をダアワ活動に駆り立てたのは、死への不安だったのだろうか。彼は活動を楽しんでいるように見えたが、その熱心さは時々強迫観念的と思えるほどだった。ダアワ・セミナーの時のバリーは、私と初めて会った時のようにかなり強引に攻めてくる。気軽な気持ちで参加し当惑している人もいたが、抵抗なく受け入れる人も意外に多かった。それはおそらく、バリー達の話す内容が参加者にとって説得力があるからだろう。

隣町で行われたある日のダアワ・セミナー。公園に並んだ椅子には五〇代から一〇代まで男女一〇名ほどが座っている。後から聞くと全員カトリック信者だった。話の冒頭で「自由になれるのは誰だと思う?」とバリーが尋ねる。一人の中年女性が「私達」と答えた。「私達って、具体的にどういうこと?」。再度尋ねると女性は「私達それぞれが、探している道」と、ゆっくり考えながら話す。バリーはにっこり微笑み同意した。「うん、そうだね。私達が探し求めている正しい道、それに従えば自由になれる。じゃあ、あなた達が今信じている道は、本当に正しいのだろうか?」

彼らのセミナーで最も強調されるのは、キリスト教における「父・子（キリスト）・精霊が一体の神である」という三位一体への疑問だった。毎回、次のようなやり取りが行われていた。バリーが指を三本立てて問いかける。「（一本目を指して）これは誰?」「イエス・キリスト」「キリストは神?」「はい」「（二本目を指して）これは何?」「父なる神」「神はいくつのはず?」「神は一つ」「一つ?　じゃあこの残り二つは何なの?」「……よく分からなくなってきたよ」「キリスト教には祈るものが複数ある。イスラームにはただ一つだけ。それが神、つまりアッラーだ。キリストを信じ彼に従うのなら、同じように祈らないといけない。キリストは、ただ一つの神に祈ったんだ」

バリーやナセルは聖書を根拠に議論を積み上げていく。「三位一体は聖書に載っている?」「神父も言ってたし載っていると思う」「それが載っていないんだよ。ここにいる元牧師のお墨付きだ。三位一体は後から教会がつくった教えなんだ。キリストは四〇日間断食した。イスラームでもみんな三〇日間断食をする。聖母マリアの姿を思い浮かべてみて。ヴェールを被っていて、キャミソールやミニスカートは着てないよね?　その姿に近いのはイスラーム教徒の女性だ」。ダアワではキリストの存在や聖書の内容を決して否定しない。むしろ、聖書の内容を頻繁に引用し、聖書の教えに基づいたより正しい実践をするのはイスラームだ、という論理で正当性が説かれる。キリスト教の知識に詳しい参加者ほど熱心に聞き入り積極的に質問する。こうした手法には、様々な宗教を経てイスラームに辿り着いたメンバーの経験が反映されているのだろう。

イスラームとキリスト教は同じ一神教で兄弟宗教である、という知識は大学院の講義や文献で学んだけれど、実感としては分かっていなかった。また、イスラーム教徒とキリスト教徒についても、両者の間の壁はかなり高いと思い込んでいた。しかし、唯一神、天国、地獄といった世界観を共有するキリスト教徒にとって、イスラームへの改宗のハードルは意外と低いようである。最初はイスラームに否定的なイメージを持っていた人も、セミナーで「犯罪やテロを起こすイスラーム教徒はごく一部。イスラームは平和を愛する宗教だから。その教えに従わない一部の人達によって偏見が広まっている」という説明を聞き、改宗への抵抗が徐々に薄れる。普段からカトリックの教えに疑問を感じていたり、「他に、真の宗教があるんじゃないか」と探している人ほど、抵抗なく受け入れやすい教えなのかもしれない。

3　信仰告白とその先

「今日も多くのキリスト教徒がシャハーダをすることになるだろう。インシャー・アッラー（神が望むなら）」。ダアワ・セミナーに向かう車を運転するバリーと助手席のナセルが自身満々で頷きあう。会場となる家に着くと、おばあさんが三人並んで長椅子に腰かけ、周りに孫らしき若い男女が五、六人集まっている。居間の一角には聖母マリアのポスターやキリスト像が飾ってあった。バリーはいつもの流れで説明を進める。その間おばあさん達は待ちきれなさそうな様子で嬉しそうに頷いていた。終盤、バリーが「シャハーダすれば今すぐイスラーム教徒になれる！」と促すと、全員が「するする！」と即答した。彼らはナセルとバリーの指示に従い、人差し指を立ててシャハーダの文言を復唱する。

「アッラー以外に神はなし、と私は証言する。ムハンマドはアッラーの使徒である、と私は証言する」

シャハーダが終わるとすぐにおやつの時間になった。バリーが用意した菓子パンとコーラを全員に配り、空気が和む。

「イスラーム教徒になったら、いろいろやることが多いんだ」。バリーは今になって細かな決まりごとを説明し始めた。

「礼拝を一日五回だろ。貧しいものに対して喜捨もする。七月にはラマダーンが始まるから、夜明けと夕方だけご飯を食べるんだよ」

饒舌なバリーを尻目に、聞いているのかいないのか、みな黙々とパンを頬張っている。するとおばあさんのうちの一人が、バリーに聞こえないような小声で「そんなこと言ったって、うちらはもう年寄りだし。祈るだけさ」と、ぼそっと呟いた。私は思わず吹き出しそうになりながら「なるほどね」と、目から鱗が落ちたような気分だった。私がイスラームへの改宗といって思い浮かべていたのは、お酒や豚肉が禁止、女性は服装の制限がある、断食や礼拝は必須といった「してはいけない／しなくちゃいけない」ことだった。それが守れない限り、イスラーム教徒にはなれないと思っていた。でも、そこをスルーして改宗する人もいたのだ。確かに、死を身近に感じるようになった時に、「実は正しい宗教はこれだ」、「改宗すれば天国に行けるんだよ」と言われたら、「よし！　とりあえず改宗しとこう」となっても不思議じゃない。

写真5　シャハーダをするバリック・イスラーム

後日、ナセルの家で開かれたダアワ・セミナーでも同じような経験をした。彼の家は、市街地からバイクで三〇分ほど山側に進んだ小さな村にあった。元牧師のナセルの人望は厚く、毎回三〇人以上が集まる。そこで出会った五〇代くらいの女性デリアは、改宗するのを楽しみにしていた。サウジアラビアへ出稼ぎ中の二人の息子のうち、現地でイスラームに改宗した長男から話を聞くうちに、「イスラームに入りたい」と思うようになった。私が「豚肉食べられなくなって良いの?」と尋ねると、「もう何年も食べてない。高血圧に悪いから」と笑顔で答えた。デリアは、その日のセミナーでシャハーダを唱えた。セミナー後の昼食をとっている時、デリアが晴れやかな顔で私に話しかけてきた。先ほどナセルの妻から貰ったヒジャーブを顔の周りにゆるく巻いている。「あたしはもう歳だから、断食とかそういうのできないけどさ。とりあえずこれでもう〝自由になれた〟ってことよね」

ナセルの家には、荷物運びや家の修理といった雑用をする居候の男が何人かいる。そのうちの一人イスマイルは、これまで職や家を転々としてきた。しかしナセルに出会ってイスラームに改宗し、自分の居場所を見つけたのだという。他愛ない会話の中で、彼は将来サウジアラビアに行くという夢を口にした。「まずはパスポートを取らなきゃ。まだ手続きには長くかかりそうだ」「サウジで勉強したいの?」「いや、働くんだ。イスラーム教徒は優先されるから。向こうには高いビルがたくさんあって、工事の仕事も多い。フィリピン人が大勢働いているから言葉の心配もないし」

布教する側の熱意や意図と、実際に改宗した人の間には時々ズレがある。教義や決まりを隅々まで理解して納得してから改宗したい人もいれば、そうではない人もいる。「天国に行くために一番良いって聞いたから」という直感。たまたま友人や親戚が改宗していたり、家の近くでダアワが行われたりした偶然のタイミング。仕事や生活の援助をしてもらえる経済的利益。ある人が改宗に至るには、様々な要素がある。多くの改宗者に会う中で感じたのは、「よりよく生きたい/死にたい」あるいは「生前だろうが死後の世界だろうが幸せでいたい」という気持ちのすぐ身近に、ごく自然に宗教があるということだ。その願いを叶えられる道はここだ、やっと辿り着いたと確信した時に出たのが、デリアの「自由になれた」という言葉だったのだろう。

そのようにして改宗したとしても、人によってはイスラーム教徒としての実践を全て行う(行える)とは限らない。ただし、それによって周りからイスラーム教徒だと認められるかどうかは変わってくる。例えば、喜捨やメッカ巡礼にはお金がかかるが、礼拝や断食なら誰でも行える。こうした外から見て分かる基本的な実践をきちんとやっているかが特に問題とされるようだ。そして女性の場合は、ヒジャーブをしているか、露出の多い服装をしていないかがポイントとなる。女性同士の相互チェックは厳しく、「ねぇ聞いて！　この前町で見かけた○○さん、ヒジャーブしてなかったわ」といった噂が飛び交う。実践をきちんとしない場合、「名ばかりムスリム」、「バリック・クリスチャン（「クリスチャンに戻った人」の意味。バリック・イスラームにかけている）」だと烙印を押されてしまう。

また、改宗者の中には、信仰心や周囲の環境の変化によって「バリック・バリック（行ったり来たり）」している人もいる。ある日の日曜集会に、いつもは見かけない女性がいた。露出の少ない服装をした女性参加者の中で、袖の短いTシャツを着た彼女は目立っていた。マイーダと名乗る女性は、イスラーム教徒の夫との結婚をきっかけにシャハーダをしたのだという。「マラウィ市に住んでいる時は周りもイスラーム教徒ばかりだったし、夫と一緒にモスクに行って礼拝をしていた。イリガンに来てから私は〝バリック・クリスチャン〟みたい。隣人はみんなキリスト教徒だし、ヒジャーブするのも恥ずかしくなったの」「夫はそれで許してくれるの？」「うん。だって夫は今では全然イスラームの実践をしていないもの」『断食はどう？　できそう？』『断食はするつもり。今のところイスラームの実践は途切れ途切れになってる。でもゆっくり焦らず、いつか完全に戻ってこれたら良いな」

信仰告白をした時点で「改宗した」ことには違いない。しかし改宗の動機がそれぞれであるように、その後の信仰や実践の度合いは十人十色である。マイーダのようにどっちつかずのまま行ったり来たりする人もいる。逆に、信仰告白はしていないけれど礼拝やラマダーンには参加しているというキリスト教徒がいたりする。イスラーム教徒とキリスト教徒で必ずしも白黒はっきりと分けられるわけではない。宗教帰属／実践の在り方は、グレーやモザイク状にもなりうるのだ。

4　テロや紛争のニュースを見聞きするたび思い出すこと

二〇一三年九月、テレビのニュースでは、火に包まれる市街地や途方にくれる避難民の様子が繰り返し流されていた。ミンダナオ島の西端に位置するサンボアンガ市で、モロ民族解放戦線（ＭＮＬＦ）とフィリピン軍による大規模な戦闘が起きたのだ。私の住むイリガンでは「キリスト教徒のお祭りを狙ってＭＮＬＦによる攻撃があるらしい」という噂が流れたくらいで、表面上は特に変わりのない日常が送られていた。しかし、数週間が経った頃、サンボアンガの事件の余波が広がっていることに気付いた。日曜恒例のバリック・イスラームの集会で男女別の説教が行われた時のことだ。パン屋を営む女性ジャミーラが「先生、質問があります」と切り出した。「この間、新しい家に引っ越したんです。そこの家主が、私がヒジャーブをしているのを見るなり、あんたはイスラーム教徒か？　と聞くので、そうですと答えました。すると彼は急に怒って、出て行ってくれって。一体どうしたら良いんでしょう」

ジャミーラは、全てのイスラーム教徒が悪さをするわけではないと説明したが、家主は聞く耳を持たなかった。彼女に続いて、他の参加者も同じような体験をしていると語り始めた。家に石を投げ込まれたり、暴言をかけられたりした者もいた。サンボアンガの事件のせいで、「イスラームの教えではキリスト教徒を殺さないと天国にいけない」と思い込むキリスト教徒もいるという。このような事件は、社会の中でくすぶっているイスラーム教徒とキリスト教徒の間の微妙な距離感・緊張を顕在化させるきっかけになってしまう。

今回の事件に関わったＭＮＬＦの一派は、一九九六年に政府とＭＮＬＦが結んだ和平協定の履行が不十分だとし、分離独立を求める活動を独自に続けていた。さらにモロ・イスラーム解放戦線（ＭＩＬＦ）と政府による和平交渉が進む中で、交渉の場からはじかれたことに反発を強めていた。これまでの南部フィピン情勢は、和平交渉が一歩進んだように見えても、すぐに反対する組織や派閥とフィリピン政府との間で戦闘が起き、和平プロセスが中断し後戻りすることの繰り返しだった。そのたびに生活を追われ厳しい偏見に晒されるのは、普通に暮らしている人達である。

二〇一二年にMILFと政府の間で結ばれた「バンサモロ枠組み合意」は、新たな自治政府の樹立を目指すものだ。この新しい「バンサモロ自治地域」に対しては人によって様々な立場や想いがある。しかし日々の暮らしに精いっぱいの庶民にとっては、「平和な日常生活を送りたい」というのが何よりの要望であり、とにかくバンサモロのことがきっかけで争いが起きるのは避けたいというのが大勢であった。それだけに、サンボアンガの事件が起きてみな落胆の表情を見せていた。

＊　＊　＊

キリスト教徒が多く住むイリガンでは、イスラーム教徒であることによって不利益を生じうる。しかも、バリック・イスラームの場合は、マラナオのような強固な親族紐帯や帰れる故郷がない。そして時に、宗教が異なるという理由によって、一番の味方になるはずの家族との間で軋轢が生まれることもある。

バリック・イスラームの女性マリアムは、キリスト教徒として育ったが、イスラームに出会い「これこそ私が探していた真の宗教だ」と感じ改宗を決めた。彼女の家族は、夫と実母、二〇代の娘がイスラームに改宗していた。マリアムは雑貨屋をしていて週末は忙しい。久しぶりに参加した集会で彼女はこう質問した。「母は私の勧めで改宗し、私達は礼拝やセミナーに一緒に行っていました。普段から母の面倒は私が看ていたんです。先日、母が病気で入院した時、これまで滅多に顔を見せなかった私のきょうだいが見舞いに来ました。そして、お前は俺達から母を奪った、と私を責めるんです。私に罪があるのでしょうか」。中東でイスラームを学んだ講師はこう答えた。「それは全てのバリック・イスラームが直面する問題だ。イスラーム教徒じゃない家族との関係はね。大事なことは、彼らと関係を切らないことだよ。そしてイスラームの道を見せてあげるんだ。親切で真面目な姿を見せれば、周りもイスラームの良さにきっと気付くはず」

後日、私はマリアムの母が亡くなったという知らせを聞いた。その数日後、埋葬式に参列するために彼女の実家を訪ねると、花や写真で飾られた棺が部屋に置かれている。イスラームでは死後の翌日までに埋葬をする決まりなので、キリスト教徒の家族の意向だろう。墓地に向かうジープニーの中でマリアムは、「私のきょうだいはちょっと違うから」と呟いた。しばらくして彼女は「痛い」と言いながら自分の胸の辺りを強く押さえた。マリアムのきょうだい達がイスラーム式の埋葬を許さなかったために、母はキリスト教の墓地に埋められるらしい。墓地に到着後、マリアムの説得によってナセルが説教をすることが認められた。元牧師の彼は参列者に静かに語りかけた。「宗教間の争いがあるというけれど、イスラーム教徒とキリスト教徒はきょうだいだから共存できる。聖書にもちゃんと書いてある」

写真６　キリスト教の墓地

バリック・イスラームは、これが「正しい宗教」だと思ったから、死んだ後天国に行きたいから改宗した。その結果、生活習慣や社会関係はがらりと変わり、異教徒が多数派の社会で日々周りと交渉したり、時に落胆したり部分的に諦めたりして生きることになった。彼らはもちろん、いつか全ての人がイスラームの良さに気付き、その原理に則った社会が実現できればどんなに素敵だろうと考えている。でも、それはあくまで「自分が良きイスラーム教徒として生きること」からしか始まらない。その前提は決して揺るがなかった。誰かを無理やり改宗させたり、ましてや殺したりするのは大きな罪だ。彼らは、そういう風にひたすら平和的に、良きイスラーム教徒として生きようとする人達だ。

もっとも、バリック・イスラームが敵をつくらないかというと、そうとも言えない。彼らの中では、「イスラームに対するイメージが悪いのは一部のイスラーム教徒のせいで、その一部にマラナオが当てはまる。マラナオと私達は違う」

とマラナオを差別する発言が普段からされていた。ジャミーラの相談に対して、「悪いことをするのはマラナオで、バリック・イスラームじゃないと説明しなさいよ。キリスト教徒にとって、イスラーム教徒といえばマラナオだけれど、彼らと私達は全く違うんだから」という意見が出た。

彼らが強調するマラナオとの違いの一つは「敬虔さ」だ。マラナオは伝統的にイスラームを信仰してきた。生まれた時からイスラーム教徒であるので、儀礼行事には参加するが、日常の宗教実践や知識獲得に積極的でない人も多い。そのためバリック・イスラームは、「クルアーンを読んだことのないマラナオは大勢いるが、クルアーンを読まずに改宗した者はいない」、「マラナオはみなイスラーム教徒だと思われているが、礼拝や断食をきちんとしないならイスラーム教徒とは言えない」と、自発的にイスラームに改宗し日々実践を行う自分達と対比するのだ。

写真7　家の敷地につくられたマラナオの墓。手前は埋葬から数日後。セメントで固められているのは2012年に埋葬されたもの

もう一つは民族の違いである。特に、非イスラーム的とされる慣習に対して、「私達はそんなことはしない」と距離を取る。「マラナオはプライドが高いから結婚式を豪華にしたがる。どれだけお金をかけるのかしら。イスラームの結婚はシンプルにするべきなのに」、「リド（家や出自集団間の紛争。一旦勃発すると復讐の連鎖で殺人が繰り返されることもある）は、本当はマラナオの慣習だ。それなのにキリスト教徒は、リドがイスラームのルールだと思い込んでいる。私達は親戚同士で殺しあったりしない」といった具合だ。バリック・イスラームからすると、言葉や慣習はキリスト教徒と同じなのに、信仰が違うだけで差別されるなんておかしいという気持ちがある。

マラナオと区別されたいという想いは、同一視される経験が多いほど強くなるようだ。特にバリック・イスラームの女性の場合、服装によってイスラーム教徒だと分かるので、初対面の人にマラナオだと思われやすい。彼女達はマラナオだと間違われるのが我慢ならないようだった。ジャミーラの話の後も「ヒジャーブをしたら、民族まで変わってマラナオになるっていうの？　そんなわけないじゃない」と不満げに話していた。「悪いのはマラナオ。マラナオと私達は違う」という語りは、自らを差別の対象から外そうとする試みであるように見える。ただ、バリック・イスラームは全てのマラナオを悪者にはできない。マラナオの中にも子どもの時からイスラーム学やアラビア語を学び、知識豊富な人材が多くいる。そうしたマラナオは尊敬すべき仲間であり先生である。そのため、「悪いのはマラナオ。ただし敬虔なマラナオは除く」という論理が生まれる。

キリスト教徒に対しては、「真実を知らない気の毒な人達」という親密で優しい眼差しを向けるバリック・イスラームだが、「敬虔でない、イスラームの実践をしないマラナオ」に対しては、悪い話は全てそこに投げ込む勢いで情け容赦ない。敬虔でないマラナオと深く関わる機会が少ないことも原因としてあるだろう。バリック・イスラームは、キリスト教とイスラームの間を行き来したり、異教徒間の社会関係を取り持ったりする架け橋のような存在だ。しかし、そうして両者の差異を縮める一方で、彼らはマラナオとの間に民族と敬虔さの違いに基づく新たな境界線をつくり出している。

四　家族になる

社会の中で交流の場が広がるほど、異なる人々が交わるきっかけは増える。今まで距離の遠かった相手と親密な関係が結ばれることによって、平和的共存が促されるという良い循環が生まれる。しかし同時に、マリアムの例のように、家族という親密な関係だからこそ起こる軋轢も確実に存在する。家族の中で宗教が異なる状況は、改宗だけでなく異宗教間結婚によっても生じる。彼らは何に悩み、どのような工夫をして日々暮らしているのか。異宗教間結婚をした三人の女性の語りを紹介した後、「一夫多妻」の経験、そして子どもの宗教選択と結婚相手をめぐる葛藤について取り上げる。

1　キリスト教徒とイスラーム教徒の結婚――三人の女性のストーリー

市街地から離れた静かな住宅街。そのうちの一軒の前に着くと、白髪の女性が笑顔で迎え入れてくれた。今年七二歳になるジョイは今でも現役の高校教師で、八年前に夫を亡くしてからはこの家に娘家族と暮らしている。彼女は私の質問に応えて、何十年も前の記憶を手繰ってくれた。ジョイがセブの大学に通っていた時、家族は財産を失って困窮し、両親は彼女をイリガンに呼び戻した。大学を退学したジョイは家業を手伝うことになった。そんな時に出会ったのが後に夫になるマラナオ男性だった。「五月のお祭りで、聖母マリアの衣装を着たの。イスラーム教徒みたいなヴェールをして十字架を持って歩いた。夫はその姿に一目ぼれしたって言っていたわ。ふふふ。その後私を探し回ったそうよ」。二人は、二か月後に偶然市場で再会することができた。「彼のどこを気に入ったんですか?」「夫はね、求婚するためにドリアンと本をプレゼントしてくれたの。何度も」「あははは。ドリアンは美味しいですよね」「そう、私はドリアンに弱かったの。当時は高価だったしね」「それで、結婚しても良いかって?」「彼はお金持ちじゃないけど、何であれ仕事があったから良かった。無職の旦那なんて御免よ」

　四か月の恋人期間を経て結婚したが、当初はジョイの父や祖父の反対にあった。彼女の父はタタニリア（馬車）の運転手だった。「父は、イスラーム教徒の乗客と喧嘩したことがあったそうよ。当時のイリガンはイスラーム教徒が少なかったから、私がそんな相手と結婚すると聞いて驚いたんじゃないかしら」。夫は一三歳年上でマラナオの前妻と死別しており、再婚になることも反対の原因だったかもしれないとジョイは語った。

写真8　現在も市街地を走るタタニリア

「宗教や食べ物の違いがあったけれど、私が彼に合わせたの。彼と暮らすうち豚肉が嫌いになって、もう四〇年以上食べてないのよ。今では見ると吐き気がするくらいよ。彼の方も、私の宗教を尊重してくれたわ。家で集会をした時も、私達が聖歌を歌うのを横で聞いていて、終わると一緒におやつを食べた。夫はイスラーム教徒だったけど、それほど深く宗教にコミットしていなかった。彼はただ祈るのが好きだった。時には、私達は隣に座って違う方法で祈る時もあった」。イスラームでは、結婚に際してキリスト教徒の妻が改宗する義務はない。私が現地でインタビューを行った二〇組のうち、ジョイ夫婦のように夫がイスラーム、妻がキリスト教と別々の信仰を有しているのは約半数で、残りは妻がイスラームに改宗していた。一方、キリスト教徒の男性がイスラーム教徒の女性と結婚するには改宗が必須であり、宗教上の制約や慣習的な抵抗が強く困難が大きい。その組合せのカップルは非常に稀であった。

ジョイは夫の連れ子を実子と共に育てた。夫の連れ子はイスラーム教徒、ジョイの子ども達はキリスト教徒になった。前妻の子ども達とは今も交流があり、クリスマスには彼女の家に集まる。夫が健在だった時のクリスマスパーティの写真には、夫と息子達が肩を組んで笑顔で写っていた。机の上には大量のビール瓶がある。夫はゆるい感じのイスラーム教徒だったのだろう。ジョイが話の途中で何度も「彼はとても親切だった」と繰り返したのが印象的だった。

＊　＊　＊

雨上がりの蒸し暑い日の午後。今にも踏み抜きそうなボロボロの木の階段を上ったところに、生まれて間もない赤ちゃんを抱いていたのがアンだった。インタビューしたいと伝えると、快く「いいよ」と迎え入れてくれた。部屋の中で夫が昼寝をしているので、階段の踊り場に座って話し始めた。階下からは数人の子どもが様子を窺っている。くりくりと賢そうな目をしたアンの長男は九歳、そこから七歳、五歳、二歳と続く。そして、アンの腕の中の末っ子はまだ生後一〇日だった。「アンはいくつなの?」「今年二六歳になるわ」「え!　ほぼ同い年?」。若いとは思ったけど、まさか私より一つ年下とは。親近感と同時に「今五人の子持ちになるって想像できない……」と不思議な気分になる。

アンの夫はシカッドの運転手だ。シカッドとは自転車の横にサイドカーをつけた人力車のことで、歩いて一五分くらいの距離なら料金は一人六ペソか七ペソ。体力を使うわりに儲けは少ない仕事だ。「うちは夫がシカッドを持ってるからレンタル料はかからないの。でも子どもが多いし生活は苦しいわね」

「夫と出会ったのは、ここのビリヤード台の辺りよ。彼は近くの親戚を訪ねて来ていたらしいわ」「それで付き合うようになったんだ？」「ううん。恋人の期間はなくて、一直線に妊娠したって感じ」。フィリピンでも日本でもありふれた話と言えばその通りだと思う。けれど私は、さばさばとした口調で話すアンに合わせて相槌を打ちながら、心の中で「え！　展開はや！」とうろたえていた。暑さも手伝い喉が渇いて仕方なかったので、アンの子どもに二〇ペソを渡してソフトドリンクを買いに行ってもらう。

「すぐ妊娠、結婚したから結婚式も婚姻登録もしなかったのよ。でもね、三年前に自治体が無料結婚式をやってくれたんだ。それで婚姻証書も無料で貰えた。ラッキーよね」。宗教が異なる男女の結婚の場合、結婚式と婚姻登録にいくつかの選択肢がある。イスラーム式で家やホテルでするのか、キリスト教式で教会や祭儀場でするのか、市役所で民事婚の手続きだけで済ませるのか。あるいはそれらを組み合わせるのか。婚姻登録に関しては、フィリピン民法か、シャリーア（イスラームの裁判所）か。こうした選択は、予算、宗教の敬虔さ、慣習への拘りなどによってなされる。そしてアンのように、式も婚姻登録もすぐには行わない場合もある。

写真9　ホテルで行われたイスラームの結婚式。新郎と新婦の父との間で契約が結ばれる

　アンは両親に結婚を反対されたため、高校を退学して夫の実

家がある田舎で暮らしていた。ある日、イリガンの市場に出かけた際、背後に人の気配を感じ振り返ると、彼女の母親が立っていた。臨月を迎えていたアンは、そこからすぐにイリガンに戻って自宅出産した。「母さんはまだ怒っていたけど、孫は可愛いからね。最後は許してくれた。夫の家族は親切だったわ。でも、言葉が分からないから時々嫌な思いもした。イリガンにいる方が楽よ」

夫とアンは、互いの信仰を尊重するよう心掛けている。しかし時に妥協や調整が必要な場面もある。「あたしはカトリックのままなんだけど、もう堂々と教会には行けないの。教会に行くと夫が嫌がるから。前なんて泣いて抗議されて大変だったんだから。それからは彼に秘密で行くようにしてる」。日々の宗教実践については夫に歩み寄る一方、子どもの洗礼についてはアンの希望が通ったという。数年前、アンは三人の子どもの洗礼式をまとめて行おうとした。夫の反対が予想されたので、最初は宗教儀礼と伝えずに、「子ども達にスポンサーがつく儀式」だとごまかした。けれど、教会のシスターから父親の承諾書がいると言われ、仕方なく夫に説明した。予想通り彼は反対したが、最終的には認めてくれた。

子ども達がソフトドリンクの一リットル瓶を抱えて戻ってきたのは、インタビューが終わりかけた頃だった。なぜかすっかり炭酸の抜けているコーラを、昼寝から起き出した夫や子ども達と分けあって飲む。アンの腕の中で寝ていた赤ちゃんがぐずり出し、夫が抱き上げてあやし始めた。ひょろりと痩せているが温和そうな男性だった。「ねぇ聞いて。うちの子はすごく成績優秀なの。こないだ学校から表彰されたのよ!」「すごいね。勉強頑張ってるんだ」「末っ子の世話があるから今回は表彰式に行けなかったけど、次は必ず行くからね」。コーラを飲み干し、アンは満足そうに長男に笑いかけた。

＊　＊　＊

裕福なマラナオが多く住む一角にバリーの母ラキマの家はあった。自宅にいるのに、彼女は黒いアバヤ（体の線を隠す、ゆったりとしたローブ）とヒジャーブをきっちりと身に着けていた。広いリビングの至るところにクルアーンの章句が書かれた額が飾ってある。高校生の息子がラキマの指示を受けてアイスティーと蒸しパン、アップルパイを出してくれた。

ラキマは六二歳。二年前に退職するまで大学事務や政府機関で働いていた。バリーから「彼女は以前キリスト教徒だった」としか聞いていなかったが、ラキマはいわゆる「ハーフ・マラナオ」だった。彼女の父はマラナオで、ラキマの母の他に三人の妻がいた。一方、ラキマの母は前夫と死別していて二人の子を連れての再婚だった。ラキマを含む子ども三人は、母と同じカトリック信者として育てられた。「父はあまり家に帰ってこなかった。私達が教会に行っても気にしないし、無関心だったのかも。でも、私の結婚相手のことになると、キリスト教徒の男はだめだって言うのよ。だから自分はマラナオとしか結婚できないんだって知ったわ」「ラキマと同じようなハーフや、バリック・イスラームもだめだったの？」「そうねぇ。私の時代はどちらも滅多にいなかったから、ノー・チョイスね」

夫となったのは、近所に住む六つ年上の警察官だった。彼は頻繁に手紙や贈り物をくれ、一度だけ二人で軽食を食べにいくこともできた。その後、夫の長兄がラキマの親戚を通して結婚の申し込みを行い、二人は自宅でイスラーム式の結婚式を挙げた。「夫は、私の家族に婚資としてお金を贈った。お金持ちのマラナオには、トラックいっぱいに家電製品や家具を積んで女性に贈る人もいるけれど、うちは現金だけだった」

「私は結婚してからカトリックの宗教実践をしなくなった。私達二人とも宗教に深く関わってこなかったの。夫は酒飲みで若い女との浮気がひどかったのよ。

写真10　アバヤを着たバリック・イスラームの女性

でも彼の母が亡くなった時、俺もいつかは死ぬって自覚したみたいね。そしてハッジ（メッカ巡礼）に行った後に夫は敬虔になった」「ハッジが先だったの？」「そう。マラナオの中にはハッジしてから敬虔になる人がいるの。本当は良くないのだけど」。ハッジはイスラームの五行の一つだが、経済的に余裕がある人しか実行できない。そのためハッジを済ませたイスラーム教徒は尊敬と羨望の的になる。

ラキマは夫の影響を受け徐々にイスラームの実践を行うようになった。「女性にとって一番大事なのはヒジャーブ。私は以前ヒジャーブをしていなかったけど、ある日首にかけて歩くようになった。不思議なのが、だんだんヒジャーブがないと落ち着かなくなるの。そのうち頭に巻くようになった。ただくるっと引っ掛けるだけ。そして最後には、ちゃんとピンで留めて髪の毛が見えないようにした方がいいって気付いたの」「じゃあ自分から自然に？」「アッラーの意志の通り。バリーや他の子ども達も敬虔なイスラーム教徒になれたし、本当に良かったわ」。ラキマは今では自宅でイスラームの勉強会を開くほどになり、その変わりように周りは驚いた。「いけない、そろそろ午後の礼拝の時間ね」というラキマの一声を合図に、インタビューはお開きになった。

2　他にも妻がいること、許せる？

「七年前、夫が他に家族をつくったのがきっかけで離婚しようと思っているの。私は、一夫多妻が嫌い。でも夫の親戚は、私が受け入れるべきだと言う。妻にとって大きなリワード（報い、功徳）があるからって」

大学教員のリンダは、デスクに積まれた書類に目を通しながら私の質問に答えた。彼女は真っ赤なブラウスを着こなし、指先には同じ色のネイルが綺麗に塗られている。三〇年前、リンダは大学の同級生だったマラナオ男性と出会い、数年後に結婚した。夫側の親戚付き合いが煩わしく感じられたものの、夫婦関係は良好だった。しかし、夫が二人目の妻と結婚してから、リンダや子ども達にあからさまに無関心になった。「今の方が気楽だけどね。娘には彼氏がいるのよ。昔なら父親が絶対に許さなかったわ。子ども達も自由を楽しんでいるんじゃないかしら」

リンダはシャリーアで離婚手続きを始めた。しかし女性側の申し立てのみでは認められないため、夫が合意しない限り離婚できない。キリスト教とフィリピン民法で結婚を解消する方法もあるが、費用が高すぎる。「私に相談もなく他の女と結婚するなんてひどいでしょ。イスラームでは四人まで妻を持てるというけど、私には耐えられない」

異宗教間結婚をした女性は、宗教や文化の違いがあっても上手く折り合いをつけているケースが多い。しかし彼女達がどうしても譲れないと話すのが一夫多妻だった。イスラームでは四人まで妻帯が認められている。一方キリスト教徒にとっては、宗教上も民法上も結婚は一組の男女によるものと決められており、価値観としてもそれが当然だ。

夫が他の女性と結婚したと知った時、離婚以外の方法を模索したのがジンジンだった。現在四八歳の彼女は、大学卒業後に兄が代表を務めるＮＧＯで働き始め、同僚のマラナオ男性と結婚した。三〇歳の時には一人娘に恵まれた。「お互いに仕事で飛び回っていて、しばらく子どもができなかったのよ」と彼女は少し浮かない表情で話した。ジンジンにとって夫の文化への適応は難しいことではなかった。マラナオ料理も作れたし、言葉もある程度理解できた。しかし、最も辛かったのは彼が二〇代の女性と結婚したと知った時だった。「受け入れるのに時間がかかったわ。夫は自分の家族には事前に話していたらしいけど、私には何の相談もなかった」

落ち込み悩む時間を経て、ジンジンは徐々に夫の行為を受け入れていった。夫が二人目の妻と結婚したことには良い面もあったと彼女は語る。それは夫婦ともに敬虔なイスラーム教徒になれたことだ。ジンジンは、自分の兄に「相手を理解する努力をするべきだ」と諭され、一夫多妻を含むイスラームの教義を学び始めた。そして夫の結婚のことを知ってから四か月ほどして改宗した。今ではヒジャーブもしている。夫婦でイスラームの勉強会に行く中で夫の飲酒や夜遊びは減り、代わりに宗教活動に精を出すようになった。「まぁ、若い妻がいるんだから夜遊びはもう十分でしょ！」とジンジンは笑う。私が「なんで中年男と若い女が結婚するんだろうね」と呟くと、「やっぱり、子どもじゃない？　特に女にはリミットがあるし。子どもをつくらないなら若い妻と結婚する意味ないじゃない」と返した。その口調は何となく、自分との間に一人しか子どもがいないことを引け目に感じているようだった。

女性にとって、結婚生活においてある程度我慢できる他の事柄と異なり、夫が他に妻を持ってしまうことは対処しようのない問題だ。それは突如降りかかってくる災難である。もちろんキリスト教徒でも「愛人」を持ち他に家族をつくることはある。しかし、それが制度として存在し、夫や親族から「受け入れるべき」と指摘を受ける点が大きく異なる。そうした状況は、イスラーム的価値の中に自分が入り込まずに受け入れるのは非常に難しい。一夫多妻の問題は、夫とイスラームを受け入れ難いものとして距離を置くのか、イスラームの価値によって自分を納得させるのかの選択をする、分かれ道になるようだ。

では、イスラームの価値を既に内面化しているバリック・イスラームの女性は、一夫多妻をどう感じているのだろうか。その日私は、新しいモスクの建設を記念するセレモニーに参加した。モスク建設にはバリック・イスラーム組織が出資していたため、マリアムやナセル夫妻も招かれていた。食事の後、女同士でお喋りしていると、会場となった家の主であるマラナオ男性が「今日はよく来てくれたね」と歩み寄ってきた。「私の妻を紹介しよう。あっちが私の第二夫人、そしてこれが第一夫人だ。第三夫人ももうすぐ到着するから仲良くしてやってくれ。彼女はバリック・イスラームなんだ」と、得意げに妻達を交互に指差す。第一夫人はたくさんの親戚を引き連れて到着した夫と同年代の女性だった。少し若く見える第二夫人は、次々と訪れる客のために料理を配っている。おそらくここは第二夫人の住む家なのだろう。

男性が去るなり、バリック・イスラームの女性陣は騒然となった。マリアムは、「何てことなの！　見てよ、妻二人を。なんだか友達同士みたいね」と、含み笑いをしながらひそひそと話す。二人以上妻がいることは、マラナオでは珍しくない。私が一緒に暮らしたナフィーの父には妻が四人いたし、複数の妻を持つ親戚は他にも多数いる。ただ、妻達が仲良く一堂に会する場面はそう見られない。「一夫多妻は良いけど、こんなに近い関係は無理。嫉妬するもん」とマリアム。ナセルの妻は、「私なら、夫が他に妻を持つなんて絶対認めないわ。マリアム、あなた本当に受け入れられるの？」と問う。マリアムは、寡婦や貧しい女性との結婚ならば、男性にとって慈善の価値があるため認めるべきだと語った。ただ、そう主張する彼女の歯切れは悪かった。「妻なら、夫を助けるのが真のイスラーム教徒じゃない？　でも、もちろん事前に相談して欲しいけど。……私の夫はまだ若いから、他に女をつくって私を捨てるかもしれない。もしそれが起きたら、イスラームの専門家に何が正しいか判断してもらうわ。ただ、例え何が起きたとしても、私は私でイスラームの実践をするのみよ」

ひそひそ話で盛り上がる私達は、非常に感じの悪い集団だったと思う。それなのに家主は嫌な顔一つせず、第一夫人が持参した焼きそばを一人一人に振る舞ってくれた。綺麗に皿に盛った上で、半分に切ったカラマンシー（すだちに似た柑橘類）と紙ナプキンもつけてくれた。それを見たマリアムはすかさず「あら、なんて気が利く人なの。だからたくさんの女性と結婚できるのね」と呟いたので、私は思わず吹き出してしまった。確かに。相当マメでないと複数の妻との平和な結婚生活は望めないだろう。その後、私達は長いこと第三夫人が到着するのを待っていた。女性客が到着するたびに「第三夫人は美人ね！」「ちょっと若すぎない？」「違うわ。あれは親戚っぽいから、姪かしら」「（本人が挨拶に来て）あ、娘さんですか、そうですか」と、相変わらず至極失礼な態度で見定めていた。しかし、結局第三夫人が姿を現すことはなかった。

イスラーム教徒の男性に一夫多妻について尋ねると、たいがい次のような答えが返ってくる。「夫は全ての妻とその子どもを平等に扱わなければならない。食事も服も教育も、会う時間もかける愛情も。でも全てを平等にするのはほぼ不可能。だから、四人まで妻を持てても実際に行うのはとても難しい」。あるバリック・イスラームの男性はこう言葉を添えた。「妻は一人の方が望ましいとクルアーンにも書いてある。でも、もし僕がキリスト教徒で、結婚後に魅力的な女性と恋に落ちた場合、女性は愛人になるしかない。愛人は周りから白い目で見られるし、何の保障もない。男性にとっては、妻以外の女性と関係ができた時点で大罪だ。イスラームなら、第一夫人に説明して納得した上で結婚するという選択肢がある」

ある時私は、複数の妻を持つマラナオ男性、その妻のうちの一人、そして母親違いの子ども達が集まる食事会に居合わせた。食事は和気あいあいと進んだが、男性が一夫多妻の話題に触れると空気が一気に硬くなった。「僕の妻はみんなキリスト教徒だ。マラナオの女性と結婚するのは嫌なんだよ。彼女達は、普段世話を焼いてやっても、もし何か気に入らないこと、例えば僕が他の女性と結婚したりすれば、僕を殺すだろうよ」「殺すって、女性が？　女性の家族が？」「女性も女性の家族も両方だよ。キリスト教徒の女性は優しいからね。こちらがちゃんと気を遣って対応すれば、怒らず受け入れてくれる」。小学生の子ども達は既にどこかに遊びに行ってしまった。年上の子ども達は父親の話を黙って聞いている。「僕には子どもが全部で九人いる。普通、違う母親の子ども達は関係が遠くなるけど、僕は彼らを近い関係にしたい。良い夫にはなれないかもしれないけど、良い父親になろうと努力しているんだ」

食事が済んでから、私は彼の妻や娘達と手分けして片付けを始めた。「パパは知らない人の前ではいつも良いことばかり言うけど、実際は全然違う。私の学費や生活費を出してくれなかったもの」と二〇代の娘は不満を口にした。「気が向いた時は優しくしてくれるけど、時々よね」と妻も賛同する。彼女は四人の妻の中で最後に結婚した。結婚前には日本でダンサーとして働く面接を受けたこともある。でもヤクザが怖くて結局行かなかった。「私は日本に行く代わりに、マラナオの方に行っちゃった。たくさん妻のいる人のところに。彼にはもう全然期待してないわ」

こういった男性に振り回される妻や子ども達を見ると気が重くなる。安易に一般化はできないが、一夫多妻はマラナオのような強固な親族関係が基盤にあって初めて、女性や子どもを守る制度となりうるのかもしれない。マラナオ社会において、結婚には家や親族同士の結び付きが重要とされてきた。そうした観点から、有力者の妻になれば姻族として繋がりができ、妻が多いほどその繋がりを大きくできる一夫多妻は女性にとってもメリットがある。また、妻や子どもをぞんざいに扱うと怒る親族がいるからこそ、それぞれの妻を大事にしなくてはというプレッシャーで男性が責任を全うすることもあろう。

一方、キリスト教徒やバリック・イスラームの女性との一夫多妻は、女性にとって良い仕組みとは言えない。その場合、親族からのプレッシャーが弱いため、妻になることで生まれる保障も、結局は男性の自発的な責任感や思いやりに依存するしかない。イスラームにおける正当性を担保されシャリーアに登録できるというが、キリスト教徒が多数派の社会で生きているキリスト教徒やバリック・イスラームの女性には、それらを生かす術がない。私が出会った中には、マラナオ男性の第二夫人となり幸せそうなキリスト教徒の女性もいた。上手くいっているケースももちろんあると思う。しかし、男性の自由な意志のみによって、全ての妻と子どもを平等に扱いみんなが幸せに暮らすのは、「ほぼ不可能」だと思えた。

3　子どもの宗教選択

異宗教間結婚では、夫婦どちらかが改宗する場合と、それぞれ別々の信仰を保持する場合がある。夫と妻の宗教が異なる時には、子どもを何教徒として育てるのか、そして子ども自身がどの信仰を選ぶのかという問題が生じることがある。バリック・イスラームの男性アリは、子どもに双方の知識を与えた上で自由な選択をさせるべきだと考える。彼は結婚した時はキリスト教徒であったが、子どもが生まれてしばらくして改宗した。アリは国立ミンダナオ大学の研究機関「ミンダナオ平和開発機構」で、宗教間理解を促すワークショップを主催したり講演を行ったりしている。

一方、アリの妻は毎週教会に通うキリスト教徒だ。アリは「妻はまだシャハーダをしていないけど、もうほとんどイスラーム教徒だ。豚肉も食べなくなったし。僕は妻を無理に改宗させたくはないんだ。その時がくれば自然に決意してくれるはず」と穏やかに語る。自身がキリスト教徒として育ち、成長してから自発的にイスラームを学び心から納得して改宗したことから、妻子にも同じような経験をさせたいとの思いが彼にはある。

夫婦には小学生の子どもが二人いる。彼らはまさに宗教的知識や実践について学ぶ時期であり、それをどのように教えるかはアリにとって気がかりな問題だ。「子ども達は時々、キリストって何なの？　神と預言者どっちなの？　と聞いてくる。僕は、キリストは預言者の一人だと教えているけれど、日曜日には教会に通って神父や祖父母から話を聞くから混乱しているのかもしれない。でも彼らが成長して理解できるようになれば、自然にイスラームに入ってくれると信じているよ」「でもお子さん達は洗礼を受けたんですよね?」「二人とも幼児洗礼を受けたよ。祖父母が喜ぶからね。みんながハッピーならそれで良いんじゃないかな。名前の上ではキリスト教徒で。大切なのは自分の心なんだから」

アリの家族は、クリスマスには親戚の集まりに参加しツリーや家の飾りをして楽しむ。彼は「周りはみんなキリスト教徒だから、一般的な社会経験として知っておいた方が良い」と言う。これも、キリスト教徒として育った自身の経験から来る判断なのだろう。しかし、私がこれまで出会ったバリック・イスラームにはアリのような柔軟な考え方をする人はまずいない。「そんな風に考える人は少数派ではないですか?」と尋ねてみた。「そうみたいだね。たまに他の原理主義的なイスラーム教徒から批判されるよ。クリスマス・ツリーはだめとか、妻や子どもを教会に行かせるなんて何たることだ、とね。でも、そういう押し付けは受け入れられない。神と自分との関係なのだから、他人にとやかく言われたくない。そうだろ?」。それまでずっと穏やかだったアリの口調が急に厳しくなった瞬間だった。家族の宗教選択の自由を守るためには、外部に対して頑な姿勢を取ることが時に必要なのかもしれない。

＊　＊　＊

「もっときちんとした格好をしなさい。あすなの方がちゃんとした服を着てるじゃないの」。小言を聞かされながら、サハラと私は気まずい空気でソファに座っていた。マラナオでイスラーム教徒の父とキリスト教徒の母を持つサハラは、バリック・イスラーム組織の中心人物バリーの遠い親戚だ。二四歳のサハラと私は歳が近いのもあって親しくなった。ある日彼女の家を訪ねると、親戚の家に用事があるので付いてきて欲しいと頼まれた。

その日サハラは、白い半袖Tシャツにピンク色の短パンを穿いていた。キリスト教徒の女の子なら、親戚の家に行くのにごく普通の服装だ。対して私は長袖シャツにジーンズという肌の露出の少ない組み合わせを着ていた。私達二人を見比べて、アバヤとヒジャーブを隙なく身に着けた伯母さんの小言が始まったのだ。サハラは「だって嫌なんだもん、しょうがないでしょ」と口答えする。「あなた、まさかキリスト教徒の彼氏がいるんじゃないでしょうね！　将来イスラーム教徒と結婚するんだし、結婚したらヒジャーブもしないとだめなのよ」。伯母さんはきつい調子で言い返す。私は少し責任を感じて身を小さくしていた。一方サハラはこうした展開に慣れっこになっているのか、「はぁい。そうだけど、そんなのまだ先でしょ」と笑いながら受け流していた。

帰り道でサハラは、「気持ちがないのに服装だけ変えることは、強制されているみたいで嫌なの。だから、自分が心から納得した時にヒジャーブもしたいんだ」と教えてくれた。彼女の両親は何年も前から別居しており、母はマニラに暮らしている。父はイスラーム教徒であるが、昔から宗教実践をほとんどしない人だった。「私にはヒジャーブしろ、礼拝しろって言うけど、だったら自分がやって見せてよっていつも思っているわ。父さんはイスラーム教徒としての生活を一度だって見せてくれたことがないんだから」

サハラはマラナオの親戚と過ごすことが多いが、周りの大人は一方的に叱るだけで、誰もイスラーム教徒としての生き方を教えてくれたり、親身に相談に乗ってくれたりはしなかったという。逆にマニラで母の親戚と一緒にいる時は、みんなが豚肉を食べている時にサハラは食べないなど、キリスト教徒とも少し違うという意識を持つことになる。「以前、離れて暮らす姉に、あなたはイスラーム教徒なの？　キリスト教徒なの？　と聞かれたわ。その時は、分からないって答えちゃった。でも本当に分からないの。だって今まで私を導いてくれる人はいなかったから」

「これは父さんやバリーには理解できないと思うし、頭が固い人には絶対に言わないんだけどね」。自室のベッドの上でスナック菓子の袋を開けながら、サハラは大事な打ち明け話をするように言った。彼女は何部屋もある豪邸に妹とお手伝いさんの三人で住んでいる。父は弁護士の仕事が忙しくたまにしか帰ってこない。「私は思うの。イスラーム教徒とキリスト教徒はただ祈りの方法が違うだけで何も変わらないって。なんで神様は人々を二つに分けたのかな？地獄も天国も一つずつ。神様も一つなのに。私は自分が祈りたい時に祈る。毎日神に感謝して、自分の行為を反省して、もっと良い事があるようにお願いして。それだけじゃいけないのかな」。サハラは、宗教的に敬虔だけれど、人の悪口ばかり言って横柄な態度を取る親戚を見ると、信仰って何なのだろうという考え込んでしまう。「ただ人に優しく、親切にする。それがイスラーム教徒であろうとキリスト教徒であろうと一番大切で、人の本質だと思う」

異なる宗教に触れて育ってきた子ども達が、自らの信仰について戸惑ったり決めかねたりするのは当然の成り行きだろう。しかし、周りがその人なりの信仰を認めてくれるとは限らない。ある時、バリック・イスラーム組織のダアワに同行した際のことだ。一行はジョリビーのドライブ・スルーに立ち寄った。バリーが車を停めると、若い女性店員が接客してくれた。バリーは店員に「僕達はバリック・イスラームなんだ。君はキリスト教徒かな？」と話しかけた。すると彼女は「私はハーフ・イスラーム教徒ですよ。父がマラナオなんです」と笑顔で答えた。バリーは大袈裟に驚く。「なんだって！　そんなことはあり得ないはずだ。もう一度聞くけど、君はどの宗教から祝福されているの？」「キリスト教とイスラームの両方から」。店員は笑顔を崩さない。「それはあり得ない。今、真の知識を共有しようか」と詰め寄るバリーに、女性は少し焦った表情になる。後ろに車が並んでいるのを確認し「お客様、次の窓口へお進みください！」と、彼女は店内に身を隠して叫んだ。車を発進させた後も、「宗教にハーフなんてあり得ないのに。ハーフ・マラナオならありえるよ。だってマラナオは民族だから。でもイスラーム教徒にはハーフなんて……」とバリーはぶつぶつ文句を言い、他のメンバーも彼に同意した。

サハラが、バリーには自分の想いを話したくないと言った理由は分かる気がする。確かに教義上、両方の信徒であることはできないというのは事実である。しかし、自分の両親が信仰する二つの宗教からそれぞれ祝福されていると感じることは、それほど非難されなければならないことだろうか。

4　新たな家族をつくる

「僕には二重の縛りがある」とジャミールは言った。今年三二歳になる彼は、結婚願望はあるのにもかかわらず、結婚に漕ぎつけなくて焦っていた。「以前、六年くらい真剣に付き合っていたカトリックの恋人がいて、その子の家に何回も通っていた。ある日相手の両親に結婚したいと伝えると、彼らは、君のことは好きだけど、君の家族のことが受け入れられないと言ったんだ。彼らはイスラーム教徒に対して悪いイメージがあるみたいだ。犯罪やテロを起こすとかね」

ジャミールの父はマラナオのイスラーム教徒で母はキリスト教徒である。両親は敬虔ではなかったため、彼は成長するまで自分の宗教を意識する機会を持たなかった。「じゃあマラナオの女性は？」と私が尋ねると、ジャミールはだめだというように首を振った。「前に一度、マラナオの女の子にプロポーズしようとした。でもその家族は、僕が〝ピュア〟なマラナオじゃないから認められないと断った。今どき頭の固い人達だよ。キリスト教徒からはイスラーム教徒だから、マラナオからはハーフだからと拒否される。一体どうしろっていうんだ……」

「ハーフ」の子ども達はジャミールのように、どちら側からも受け入れてもらえないジレンマがある。結婚相手を決める時の「縛り」には、宗教の違いに加えて血筋にこだわる慣習も関わるため複雑だ。特にマラナオにとって、娘の結婚相手は相当慎重に選ばれる。もちろん人によって考え方は異なり、イスラーム教徒であれば良いという場合もあれば、ピュアなマラナオでないと認めない、マラナオでも出身地がここで、家柄が良くて……と多くの条件をつけることも少なくない。その点は、日本で子どもの結婚相手に口を出す親と変わらないように思う。ただ、マラナオの場合は親戚の意見も重視されることや、意向に従わない子どもへの対応が物騒になりうる点が異なる。

私のホストファミリーであるナフィーの姪アイリーンには、密かに想いを寄せあう恋人がいた。相手の男性は服飾店を経営する敬虔なイスラーム教徒で、結婚相手として申し分ないように思えた。しかし二人が結婚を申し出た時、アイリーンの親戚のうち数人が猛烈に反対した。その理由は「マラナオの血ではない」ことだった。

恋人の父親には、マラナオの妻が二人いるが彼女達に子どもはいない。彼本人いわく、自分は父親とキリスト教徒の愛人との間に生まれた「ハーフ」なのだという。一方周囲は、妻二人ともに子どもがいないことから、キリスト教徒の夫婦から養子として貰ってきた子ではないかと疑っていた。もしそうであれば、マラナオの血が入っていないために結婚は認められないというのが、一部の親戚の意見だった。アイリーンの両親とナフィー達は、相手に仕事がありイスラーム教徒であれば問題ない、と説得しようとしたが、彼らの態度は軟化しなかった。そして、このままだと二人が駆け落ちしかねないとなると、「もしそんなことになれば親族の恥だ。アイリーンとその男を殺す」とまで言い出したのだ。結婚前に性交渉をしたり、親が認めない相手と駆け落ちするといった「名誉を汚す」行いをした女性や相手の男性を殺す、いわゆる「名誉殺人」について、「マラナオ社会では昔は頻繁にあった」という噂や文献の記述を通して知ってはいた。それが実際に目の前で起きてしまうかもしれないと思うとハラハラしたが、最終的に、アイリーン達が結婚を諦めたことで事は収まった。

娘の結婚相手に対するこうした強固なこだわりを考慮すると、ハーフであることを嘆くジャミールの主張も理解できる。ただ私の知る限り、結婚相手を探すのにそこまで苦労しているハーフの若者はそれほど多くはない。例えばハーフの男性であれば、キリスト教徒の女性と結婚するハードルは比較的低い。確かに結婚に反対する家族もいるが、「ハーフなら許容できる」という場合もある。「ピュア」よりも柔軟そうなイメージがあるからだという。結婚できないのが

「ハーフであること」に一〇〇パーセント起因するわけではない。しかし少なくとも、周りが結婚を断る理由を「イスラーム教徒／マラナオだから」、「ピュアじゃないから」と言ってしまうことで、ジャミールが「縛り」を感じて苦しんでいるのは確かだった。

自分の宗教帰属について悩んでいたサハラに、「今までに恋人がいたことはないの?」と尋ねてみた。すると彼女は「いないよ。だって禁止されてるから。でも時々、結婚するとしたらどんな相手だろう?って想像するの」と答えた。彼女は続けて「マラナオと結婚するのは嫌だなぁ」と呟く。「なんで?」と尋ねる私にサハラがいたずらっぽく目配せをする。「だって、偉そうで強引な人が多いから」「それって、例えばバリーとか?」「……かもね」。私達は顔を見合わせて笑った。

サハラには四つ年上の姉がいるが、今は離れて暮らしている。一〇年近く前、姉がイリガンの大学に通っていた時に結婚を約束したキリスト教徒の恋人がいた。それを知った父は激怒し、二人を無理やり別れさせた。その時の記憶が辛すぎたのか、姉はイリガンを離れ、父と別居中の母が暮らすマニラに行ってしまったのだ。それ以来姉と父は全く連絡を取っていない。サハラの夢は、結婚していつか父や姉と一緒に暮らすことだ。「将来、私が結婚するとしたら、宗教は何でもいいから優しい人が良い。いつか、イスラーム教徒もキリスト教徒も関係なく、その違いに胸を痛めたり、頭を悩ませなくてよくなる世界が来ないかな。それはたぶん無理だと思うけれど……」

「無理じゃないよ」、「そんな日が来ると良いね」。そんな言葉をかけたかったけれど、その時私は何も言えなかった。

おわりに——綺麗ごとじゃない日常がつくる平和

日本に帰国して三年近くが経った日、ナフィーからフェイスブックのメッセージが届いた。「あすな、マラウィの戦いはひどいよ。死人がたくさん出てもう五日間も続いている」「え、ナフィー達はどこにいるの？　イリガンにいるんでしょ？」「パパの仕事場がマラウィに移ったんだよ。あたしとブドイも今マラウィにいる。外で撃ち合いをやってるから危なくて動けない」

二〇一七年五月、ミンダナオ島のマラウィ市で、イスラーム国に忠誠を誓う組織と国軍との間で交戦が始まった。この戦闘には、ＭＮＬＦから分離したアブサヤフ、そしてＭＩＬＦの元兵士等で構成されるマウテ・グループが関与したとされる。これらの組織は近年特に、アルカイダ系勢力やイスラーム国との結びつきを強固にしていた。紛争地となったマラウィ市は、イリガンから車で一時間程の所にある。ナフィー達はその後なんとか脱出し、イリガンに帰れたらしい。戦闘はそれから数か月以上経っても収束せず、市の人口の七〇％にあたる一四万人以上が避難し、七月の時点で犠牲者は軍・警察で一〇五人、武装組織で四二八人、民間人で四五人に達した。

南部フィリピンで国際的なテロ組織の影響力が増している背景として、現状に不満を持つ若者や経済発展の恩恵を受けにくい地域を中心に、テロや武装闘争への共感が広がっていることが考えられる。紛争の拡大を防ぐためにも、社会の周縁に置かれてきた人達を取り込む形での和平の実現が求められている。その中で、二〇一二年に結ばれたバンサモロ枠組み合意がうまく機能し、長年不利益を被ってきたイスラーム教徒や少数民族の権利を守る社会改革が行われるのであれば望ましいことだ。しかし「はじめに」で述べたように、自治地域成立を目指す和平プロセスは、本来多様であるはずの住民の利害を二分することで、集団間の境界を明確化し軋轢を生む危うさと隣り合わせでもある。他方、その危険を回避するため、ＮＧＯや教育機関は相互理解の取り組みを行っているが、彼らが目指すのは、差異をめぐる実情とかけ離れた完全に調和的な関係だ。

利害が異なる者同士が住み分けたり、調和的に暮らすべきという理念に対して、本書で描いてきたのは、「決して消えない差異を内包した共存」のリアリティだった。人々は、宗教・民族の差異を常に意識し、隣人同士喧嘩をしつつ助け合う関係を築いている。さらに、バリック・イスラームや異宗教間結婚の夫婦のように、宗教間の境界線を越境した人達でさえ、差異から自由になれたわけではない。代わりに、民族、敬虔さ、男女の違いといった別の差異が浮き彫りとなり、「私達」と「彼ら」を分かつ差異は残り続けるからだ。しかし社会全体として見れば、こうした複数の境界線が交錯することで、「イスラーム教徒」と「キリスト教徒」の間に決定的な亀裂が入り、対立が深まる事態は防がれる。そして、宗教の間を「行ったり来たり」する改宗者やハーフの子どものように、心の内に複数の宗教・民族の要素を抱えて揺れ動く存在もいる。彼らが「幸せに生き、死にたい」と試行錯誤する過程で、与えられた規範に収まらない宗教実践や帰属意識が生まれる。その白黒分けられない曖昧な領域があるからこそイリガンの共存社会は成り立つのだ。公的な区分け制度や美しい理念だけでは、南部フィリピンで和平を構築するのは難しい。むしろ、「消えない差異と生きる共存」という人々の日常を礎に、草の根レベルから和平を築いていくことも可能であろう。その可能性を模索する際に、本書で綴った物語が参考になれば幸いである。

参考文献

〈英語〉

Ahmad, Aijaz
1999 The War against Muslims. In Eric Gutierrez et al ed., *Rebels, Warlords and Ulama: A Reader on Muslim Sepa-ratism and the War in Southern Philippines.* Quezon City: Institute for Popular Democracy, pp. 21-37.

Canuday, Jowel J.
2009 *Bakwit: The Power of the Displaced.* Manila: Ateneo de Manila University Press.

Danguilan, Belen J. and Erlinda M. Gloria
2000 *Under the Crescent Moon: Rebellion in Mindanao.* Quezon City: Ateneo Center for Social Policy and Public Af-fairs.

Gowing, Peter G
1979 *Muslim Filipinos: Heritage and Horizon.* Quezon City: New Day Publishers.

〈日本語〉

石井正子

二〇〇二　『女性が語るフィリピンのムスリム社会――紛争・開発・社会的変容』東京：明石書店。

川島　緑

一九九二　「南部フィリピンにおける公選制の導入――ムスリム社会の構造的変化をめぐって」『東南アジア　歴史と文化』二一：一一六―一四一頁。

二〇〇二　「南部フィリピンの紛争――二〇〇〇年ミンダナオ危機と平和運動」武内進一編『アジア・アフリカの武力紛争――共同研究会中間成果報告』一二三―一四二頁、千葉：アジア経済研究所。

二〇〇三　「南部フィリピン紛争と市民社会の平和運動――二〇〇〇年の民間人虐殺事件をめぐって」武内進一編『国家・暴力・政治――アジア・アフリカの紛争をめぐって』四〇九―四四九頁、千葉：アジア経済研究所。

二〇一二　『マイノリティと国民国家――フィリピンのムスリム』東京：山川出版社。

早瀬晋三

二〇〇三　『海域イスラーム社会の歴史――ミンダナオ・エスノヒストリー』東京：岩波書店。

ベリョー、ウォールデン

一九九一　『フィリピンと米国――ＬＩＣ戦略の実験場』フィリピン情報資料室訳、東京：連合出版。

〈参考記事〉

Rappler

http://www.rappler.com/nation/156002-president-duterte-tags-former-iligan-congressman-mayor-drug-list（二〇一七年五月七日最終閲覧）

〈参考ウェブサイト〉

2016 Philippine Statistical Yearbook

https://psa.gov.ph/sites/default/files/PSY%202016.pdf（二〇一七年三月七日最終閲覧）

Philippine Statistic Authority

https://psa.gov.ph/content/iligan-city-population-growth-rate-declined-093-percent-results-2000-census-population-and（二〇一七年五月七日最終閲覧）

あとがき

会社でパソコンに向かっている時、ふとイリガンのことを思い出す。馬車が走る砂ぼこりにまみれた道、停電で真っ暗な中、手掴みで食べる晩御飯、椰子の木が揺れる海辺の夕焼け。いろんな場面が心に浮かんで一瞬思い出の中に取り残されそうになり我に返る。そういう時、随分遠いところまで来たんだなぁと実感する。松下幸之助国際スカラシップから奨学金をいただきフィリピンに留学をしてから、約三年が経った。

今回ブックレットを書く機会を頂戴したものの、イリガンでの個人的な経験を書くことが、誰かの、何かの役に立つのだろうかと疑問に思った時もあった。そんな時、同僚の一人が中東出身のイスラーム教徒と結婚していることを知った。かけ離れたところにあったはずの、私がかつていた世界が近くなったようで嬉しかった。イリガンで私が見聞きしたような出来事は、意外と身近なところで形を変えて起きているのかもしれない。

本書を執筆するまでには本当にたくさんの出会いに恵まれた。フィリピンでの調査の際、見ず知らずの私を一年半も住まわせてくれたホームステイ先の家族、フィリピンでの最初の受け入れ先であるザビエル大学の Sealza Isaias 教授、またフィリピン国立ミンダナオ大学イリガン工科校、フィリピン大学第三世界研究所の先生方をはじめとして、現地で調査に協力していただいた多くの方々には心より感謝したい。

留学中から帰国後まで常に暖かい言葉をかけてくださった松下幸之助記念財団の皆様、執筆に際して数々の助言を下さった風響社の石井雅社長、指導教官の清水展先生に改めて感謝をお伝えしたい。博士論文を書き上げることはできなかったが、本書を通して清水先生やお世話になった方々に、調査の成果を少しでもお見せすることができればと思う。

そして、いつも心配しながら暖かく見守ってくれた両親へ。海外旅行さえ滅多にしない二人が、はるばるイリガンまで訪ねて来てくれた時はとても嬉しく心強かった。ありがとう。

最後に、フィリピン研究の先輩であるパートナー、渉がいなければ本書は完成しなかった。なかなか筆の進まない私をおだて励まし、執筆に行き詰まった時には相談に乗ってくれる存在がいたから、何とか書き進めてこれたのだと思う。渉ともう一人、将来読者になってくれる日が来るだろうか、小さな新しい家族に本書を捧げたい。

著者紹介

吉澤あすな（よしざわ あすな）

1987年、京都府生まれ。

京都大学大学院アジア・アフリカ地域研究研究科博士後期課程中退。

主な著作に「イスラーム教徒とキリスト教徒の共存」（『フィリピンを知るための64章』明石書店、2016年）、「南部フィリピンにおけるムスリム-クリスチャン関係の歴史と言説――インターマリッジの理解に向けて」（『アジア・アフリカ地域研究』第13巻第1号、2013年）がある。

消えない差異と生きる　南部フィリピンのイスラームとキリスト教

2017年12月15日　印刷
2017年12月25日　発行

著　者　吉澤 あすな

発行者　石 井　　雅

発行所　株式会社　風響社

東京都北区田端 4-14-9（〒114-0014）
Tel 03（3828）9249　振替 00110-0-553554
印刷　モリモト印刷

ISBN987-4-89489-796-0　C0039